21世纪普通高等院校系列教材

绩效管理实训教程

JIXIAO GUANLI SHIXUN JIAOCHENG

主　编　　李　琳
副主编　　胡冬梅

西南财经大学出版社
中国·成都

图书在版编目(CIP)数据

绩效管理实训教程/李琳主编.—成都:西南财经大学出版社,2021.4
ISBN 978-7-5504-4644-1

Ⅰ.①绩… Ⅱ.①李… Ⅲ.①企业绩效—企业管理—教材 Ⅳ.①F272.5

中国版本图书馆 CIP 数据核字(2020)第 227990 号

绩效管理实训教程

主编 李琳
副主编 胡冬梅

策划编辑:李晓嵩
责任编辑:李晓嵩
封面设计:杨红鹰 张姗姗
责任印制:朱曼丽

出版发行	西南财经大学出版社(四川省成都市光华村街 55 号)
网　　址	http://www.bookcj.com
电子邮件	bookcj@swufe.edu.cn
邮政编码	610074
电　　话	028-87353785
照　　排	四川胜翔数码印务设计有限公司
印　　刷	郫县犀浦印刷厂
成品尺寸	185mm×260mm
印　　张	11
字　　数	263 千字
版　　次	2021 年 4 月第 1 版
印　　次	2021 年 4 月第 1 次印刷
印　　数	1— 2000 册
书　　号	ISBN 978-7-5504-4644-1
定　　价	29.80 元

前言

随着市场竞争环境的变化和员工工作价值观的转变，绩效管理受到了越来越多企业的重视。如何编制一份完整的工作说明书？如何设计一套行之有效的绩效考核体系？如何实施持续的绩效沟通？如何将绩效考核结果科学地运用于企业管理？这些问题一直是企业人力资源管理部门和各级管理人员关注的焦点。

本书从企业人力资源管理的实践出发，结合国内外绩效管理的最新理论，以技能提升为核心，向学生提供涵盖绩效管理全过程、具有很强实操性的实训教程，完善了绩效管理的实验实训流程，有助于提升学生的实践能力和企业绩效管理的系统化落实。

本书具有以下特点：一是系统地梳理了企业绩效管理的各个环节，并有针对性地设计了相应的实训项目，引导学生循序渐进地参与各个实训项目，在实践中运用绩效管理的相关理论知识解决企业绩效管理面临的典型问题。二是引入了国内外绩效管理的最新理论，使学生得以了解并把握绩效管理的发展趋势和潮流，能够在人力资源管理实践中予以运用。三是选取了绩效管理的部分经典案例，结合每一章实训的重点内容，引导学生拓展思维，从案例分析中寻找可供借鉴的管理经验，提高企业的核心竞争能力。

本书可以作为各高等院校本、专科学生以及研究生的专业教材，也可以作为企业人力资源管理部门从业人员及对绩效管理感兴趣的人员的培训教材。本书由李琳撰写第一、二、三、四、六章，胡冬梅撰写第五章，李琳对全书进行了统稿和定稿。本书在编撰过程中从互联网上参考了部分信息，并引用了相关的文献资料，在此向各位作者表示衷心的感谢。同时，本书的出版得到了西南财经大学出版社的支持和帮助，在此一并表示感谢。

由于编者水平有限，书中不妥之处在所难免，恳请广大读者不吝赐教，以便进一步修订完善。

编者

2021 年 3 月

目录

第一章　开展工作分析

实训目标

1. 了解常用的工作分析方法，并能熟练使用在线问卷调查平台；

2. 了解并掌握常用工作分析方法的操作流程；

3. 完成具体岗位的工作说明书编写；

4. 通过小组作业展示、典型案例分析和交流，提升沟通表达能力、团队合作能力、解决实际问题的能力；

5. 将工作分析的结果应用于人力资源管理。

知识储备

一、常用的工作分析方法

（一）问卷调查法

问卷调查法是工作分析中广泛使用的方法之一，通过发放预先设计好的问卷，调查人员可以一次性地收集到工作分析所需的大量信息。问卷调查法的成本低、效率高。调查人员在问卷调查时可以实地发放纸质问卷，也可以使用在线调查。使用组织的管理信息系统进行在线调查或利用在线问卷调查平台发放问卷，可以节约调研数据的录入时间，避免数据录入错误和遗漏，极大地提升了工作效率。

常用的在线问卷调查平台包括问卷网、问卷星、腾讯问卷等，这 3 个在线问卷调查平台都可以免费使用。平台支持问卷创建、发放、回收、统计分析，常用题型包括单选题、多选题、填空题、排序题等。问卷回收后，平台可以自动进行简单的数据汇总分析，生成折线图、饼图、柱状图等，也可导出调查数据以便做进一步分析。

1. 问卷网（https://www.wenjuan.com）

问卷网提供多个免费的工作分析调查问卷模版，初学者可以借鉴平台提供的模版，设计适合自己的工作分析调查问卷。举例如下：

Q1：请您描述您的一个典型工作日（有什么工作活动以及每项活动所投入的时间比例，还有涉及的主要办公设备与用品）。

____

Q2：您认为具有怎样的性格、能力和心理素质的人能胜任本岗位？

____

Q3：您每周工作的时间长度是多少？

○ 15 小时以下

○ 15~25 小时（含 15 小时）

○ 25~35 小时（含 25 小时）

○ 35 小时及以上

Q4：请按照以下所描述的工作任务对您的重要性打分（最重要的 5 颗星，最不重要的 1 颗星）。

○ 和客户保持联系★ ★ ★ ★ ★

○ 人际交往能力★ ★ ★ ★ ★

○ 能详细介绍产品说明★ ★ ★ ★ ★

○ 向上级汇报工作★ ★ ★ ★ ★

○ 每天总结自己的工作★ ★ ★ ★ ★

○ 指导培训下属★ ★ ★ ★ ★

2. 问卷星（https://www.wjx.cn）

问卷星提供问卷调查模版，初学者可以搜索工作分析相关调查问卷，参考有关题项设计适合的调查问卷。举例如下：

Q1：担任此工作需要多少年的相关经验？

○ 不用经验

○ 3 个月以下

○ 3 个月到 1 年（含 3 个月）

○ 1~3 年（含 1 年）

○ 3~5 年（含 3 年）

○ 5~10 年（含 5 年）

○ 其他

Q2：沟通能力岗位要求是什么？

○ 善于沟通，投诉事件可以在当天处理

○ 精通沟通技巧，投诉事件可以在两小时内处理

○ 具备基本沟通能力，在指导下可以处理投诉

Q3：办公设备运用（见表 1-1）。

表 1-1 办公设备运用

	需要	不需要
是否配电脑	○	○
是否需上外部网	○	○
是否配电话	○	○

Q4：您在工作中什么时候需要进行决策？

____

3. 腾讯问卷（https://wj.qq.com）

腾讯问卷中的模版按场景和行业分类，有关工作分析的模板较少。用户借助腾讯的生态系统，登录、微信或 QQ 转发、设置答题奖励等都非常方便。腾讯问卷在问卷投放上可以有多种选择。

（二）访谈法

访谈法适用于对中高层管理人员，或者某些需要进行深度分析的岗位。为了准确了解岗位的信息，访谈对象应是任职者的直接上级，或者在该岗位任职 6 个月以上的员工。访谈人员在访谈前应确定访谈提纲（见表 1-2），在访谈过程中可以根据需要，对感兴趣的问题进行深入探讨。

鉴于部分岗位的员工工作繁忙、经常出差，访谈人员可以采用视频、语音聊天的方式，通过 QQ、微信等即时通信工具进行访谈。访谈前，访谈人员应把访谈提纲发给访谈对象，从而为双方节约大量的时间。在访谈时，访谈人员应控制好时间和节奏，对重点关注的问题可以多询问工作细节。

表 1-2 访谈提纲

1. 你所在的部门、岗位是什么？
2. 你的直接上级和下属分别是谁？
3. 请详细描述你的工作职责以及每项工作活动发生的频率、使用的工具或设备等。
4. 你与公司内哪些岗位有工作联系？请具体说明。
5. 你与公司外哪些部门有工作联系？请具体说明。
6. 本岗位需要具备哪些经验、工作经历？
7. 本岗位需要具备的学历、资格证书有哪些？
8. 本岗位需要具备哪些技能？
9. 本岗位的工作环境和工作条件如何？
10. 本岗位对身体健康和安全的影响有哪些？

（三）行为事件访谈法

行为事件访谈法（behavioral event interview，BEI）是由哈佛大学教授麦克利兰开发的。行为事件访谈法通过对高绩效员工和一般员工的访谈，获取与高绩效相关的素质信息的一种方法。行为事件访谈法主要以目标岗位的任职者为访谈对象，通过对访谈对象的深入访谈，收集访谈对象在任职期间所做的成功和不成功的事件描述，挖掘出影响目标岗位绩效的细节性行为。访谈人员对收集到的具体事件和行为进行汇总、分析、编码。最后，访谈人员在不同的访谈对象（绩效优秀者和绩效普通者）之间进行对比，找出目标的核心素质。

行为事件访谈法对访谈人员的要求很高，访谈人员必须经过专业的培训。访谈的重点是访谈对象对关键事件的全面详尽描述，应是过去的情景中确实采取的措施和行动。访谈人员可借助 STAR 工具（见图 1-1）进行行为事件访谈。

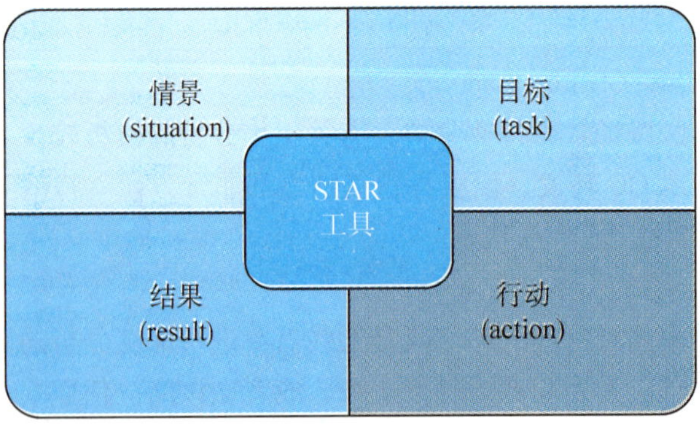

图 1-1 STAR 法

S（situation）：当时的情景如何？什么因素导致了这种情景？这个情景中有谁参与？

T（task）：面临的主要任务是什么？为了实现什么样的目标？

A（action）：在当时的情景下，心中的想法、感觉如何？当时采取的行动是什么？

R（result）：最后的结果如何？这一事件引发了什么问题或后果？

为了正确使用STAR工具，访谈人员在访谈中应遵循关键事件本身的时间顺序，挖掘事件相关的时间、地点、心情，尽可能地让访谈对象多说有用的素材，使访谈对象学会描述此类事件。同时，访谈人员应了解访谈过程以及访谈对象可能会出现的情绪反应。

（四）资料分析法

资料分析法又称为文献分析法，是一种通过对现有的和工作相关的文件资料进行系统性分析，以获取工作信息的经济有效的信息搜集方法。资料分析法可以大大节约时间和成本。资料分析法的使用者通过对现有资料进行分析、提炼和加工，能迅速获得编制工作说明书所需的信息。资料分析法中信息的来源包括内部资料和外部资料。

1. 内部资料

内部资料，如员工手册、组织管理制度、岗位职责说明、岗位招聘信息、公司会议记录、作业流程说明、质量管理文件、工作环境描述、生产记录、工作计划、设备材料使用与管理制度、相关主管部门文件等，资料分析法的使用者可以从中筛选出与岗位相关的信息，包括工作中使用的设备、工作环境要求、岗位知识、能力、技能要求、工作成果等。

岗位的招聘信息（见表1-3）通常涵盖了工作的内容和岗位的要求，添加一些必要的内容，可以形成一份完整的工作说明书。

表1-3　某公司仓库管理员招聘信息

公司信息： ×××× **工作内容：** 1. 认真贯彻落实公司的方针和各项规章制度，严格执行仓库物资管理办法，做好仓库的防火、防盗、防潮等安全工作； 2. 负责仓库日常物资的出入库、检验、码放、保管、盘点； 3. 根据送货清单，核准物品的数量、质量等，办理入库手续、准确登记等； 4. 按照公司的规定及流程办理物资的出库手续； 5. 做好月末盘点工作，做到账、卡、物相符，账目清楚，按时上报相关报表； 6. 收集缺货、缺损等信息，及时上报给库房主管； 7. 负责仓库和管辖范围清洁卫生，完成领导安排的其他工作。 **岗位要求：** 1. 高度的责任心，做事严谨； 2. 具有一定的沟通协调能力； 3. 熟练操作常用办公软件； 4. 中专及以上学历，物流仓储类相关专业优先； 5. 有相关工作经验者优先。 **联系方式：** ××××

2. 外部资料

《中华人民共和国职业分类大典》由国家相关部门联合组织编制，并根据社会经济的发展，进行职业分类动态更新。2015年版《中华人民共和国职业分类大典》把职业分为

8 个大类、75 个中类、434 个小类，共 1 481 个职业。相同或类似岗位可以参照其中的职业信息描述（见表 1-4、表 1-5、表 1-6、表 1-7、表 1-8、表 1-9）。另外，同行业、不同行业的相同或近似岗位信息，也可以借鉴使用。

表 1-4　企事业单位负责人

岗位名称：企业董事。 **岗位说明：**在企业中，具有最高决策权的董事会组成人员。 **主要工作任务：** 1. 负责召开股东大会，向股东大会报告工作，执行股东大会决议； 2. 决定企业经营计划和投资方案； 3. 审定企业年度财务预决算方案、利润分配方案和弥补亏损方案、增加或减少注册资本方案及其规定职权范围内的其他方案； 4. 制订企业合并、分立、解散等职权规定的方案； 5. 聘任或解聘企业经理，并根据经理提名，聘任或解聘企业副经理、财务负责人，决定其报酬事项； 6. 审议企业内基本制度。
岗位名称：企业经理。 **岗位说明：**在企业中，经董事会或出资人聘任，或者经职工代表大会选举，或者经上级任命的企业负责人。 **主要工作任务：** 1. 执行董事会和个人独资、合伙制企业出资人决议或职工代表大会做出的决定； 2. 领导企业日常经营管理工作； 3. 拟定或决定企业内部机构设置； 4. 按公司规定的职权范围，行使人事聘任、解聘或任免权； 5. 决定或议定企业的基本规章制度； 6. 行使相关法律规定的其他职权。

表 1-5　专业技术人员

岗位名称：工程测量工程技术人员。 **岗位说明：**从事工程建设测量和地籍、行政区域、房产测绘的工程技术人员。 **主要工作任务：** 1. 设计并组织实施控制测量、地形测量、规划测量、建筑工程测量、变形形变与精密测量、市政工程测量、水利工程测量、线路与桥隧测量、地下管线测量、矿山测量、工程测量监理； 2. 制定地籍调查工作流程，指导作业人员进行地籍调查、土地界址点测定、地籍图绘制、土地面积计算； 3. 制定房产测量工作流程，指导作业人员进行房产要素测量、房产图绘制、房产面积计算； 4. 进行国界和行政区域边界点测定、边界线及相关地形要素调绘、边界协议书附图制作； 5. 检查、验收测量成果，验校、维修测量仪器。

表1-5(续)

岗位名称：模具设计工程技术人员。 **岗位说明**：从事冲压、注塑模、压铸模、铸造模、锻压模等模具研发、设计、生产指导的工程技术人员。 **主要工作任务**： 1. 分析制作材质与结构特点，确定成形（图）工艺方案和模具设计方案； 2. 计算设计参数，设计模具结构与零部件，确定、选择模具标准件、模具材质与热处理工艺； 3. 绘制模具工程结构图和零件图； 4. 编制模具设计与制造工艺说明； 5. 指导冲压模、注塑模、压铸模、铸造模、锻压模等模具的生产。
岗位名称：计算机网络工程技术人员。 **岗位说明**：从事互联网等计算机网络研究、设计、安装、集成、调试、维护、管理和服务的工程技术人员。 **主要工作任务**： 1. 研究、应用计算机网络技术、体系结构、协议和标准； 2. 规划、设计、仿真测试计算机网络系统； 3. 研究计算机网络安全性、可用性和可靠性，设计、实施解决方案； 4. 设计、安装、调试计算机网络设备； 5. 安装、配置网络操作系统、网络数据库和网络应用软件； 6. 设计、集成、管理计算机网络工程并指导施工； 7. 监视网络状况，管理和维护计算机网络系统； 8. 提供计算机网络系统技术咨询和技术支持。
岗位名称：风景园林工程技术人员。 **岗位说明**：从事风景园林研究、规划、设计、施工、养护、运营管理和技术咨询的工程技术人员。 **主要工作任务**： 1. 编制大地景物、风景名胜区、遗产地、休闲游憩地、城市景观规划； 2. 编制城市园林绿地系统、公园体系、生物多样性保护规划； 3. 设计公园、绿地、景区景观； 4. 设计园林建筑、小品、植物景观、水景； 5. 进行园林生态修复和立体绿化； 6. 进行风景名胜区、公园和绿地的运营管理； 7. 进行风景园林工程施工管理和养护管理； 8. 进行园林植物应用和生物多样性保护； 9. 进行城镇园林古树名木鉴定和复壮保护； 10. 收集风景区和城镇环境、地质、水文、乡土植物等技术资料； 11. 编制风景园林项目招投标文件，组织工程招投标活动； 12. 编制风景园林项目工程量清单及概算、预算和结算资料； 13. 提供风景园林工程项目策划、规划、建设、管理等技术咨询服务。

表1-5(续)

岗位名称： 数据分析处理工程技术人员。 **岗位说明：** 从事信息系统数据规划、采集、管理、分析及数据库设计与优化、数据资源整合、数据挖掘、数据分析等工作的工程技术人员。 **主要工作任务：** 1. 分析系统数据来源、数据应用需求； 2. 设计数据资源整合解决方案； 3. 进行数据库逻辑设计； 4. 进行数据库和数据服务应用编程； 5. 调整、优化数据库系统； 6. 进行数据分析、数据挖掘、数据展现、决策支持； 7. 运行维护数据库系统； 8. 进行数据和信息处理，提供数据咨询服务。
岗位名称： 宠物医师。 **岗位说明：** 从事宠物疾病诊断、治疗，宠物传染病、人畜共患病预防和控制的技术人员。 **主要工作任务：** 1. 询问宠物主人或看护人员关于宠物的病史，进行化验、影像、穿刺等诊断程序，书写病历、记录病案； 2. 分析化验和检查结果，做出诊断，制订宠物治疗方案； 3. 开具处方并指导宠物喂药和护理； 4. 运用医疗设备、器械、药物等手段治疗宠物疾病； 5. 隔离感染传染病或人畜共患病的宠物，采取预防措施，并上报疫情； 6. 出具宠物医学证明文件。
岗位名称： 全科医师。 **岗位说明：** 从事基层医疗卫生服务的专业人员。 **主要工作任务：** 1. 建立并使用家庭、个人健康档案，对社区人群进行连续、系统、全面的健康管理； 2. 进行社区常见病、多发病、慢性病的诊疗、会诊或转诊； 3. 进行疾病预防、筛查与咨询等； 4. 进行居家医疗照顾； 5. 进行社区老人、妇女、儿童和残疾人等重点人群保健，提供基本的精神卫生服务； 6. 进行健康教育、生活干预等大众健康促进工作； 7. 参与社区诊断，掌握社区人群健康状况； 8. 协调提供康复服务。
岗位名称： 心理治疗技师。 **岗位说明：** 从事减轻或消除来访者的心理痛苦，促进其发展适应环境能力的技术人员。 **主要工作任务：** 1. 获取来访者心理问题、心理障碍的资料； 2. 全面评估来访者心理成长、人格发展、社会功能、生活事件及心理困扰和精神痛苦等，实施心理测查； 3. 制订、实施心理治疗或心理干预方案； 4. 在心理咨询中发现来访者有精神障碍或躯体疾病时及时请求会诊或转往其他专科。

表1-5(续)

岗位名称：会计专业人员。 **岗位说明：**从事国家机关、社会团体、企事业单位和其他经济组织会计核算与会计监督的专业人员。 **主要工作任务：** 1. 进行单位会计事项的会计核算； 2. 进行单位经济活动会计监督和控制； 3. 制定单位办理会计事务的具体办法； 4. 参与拟订经济计划，考核、分析财务计划的预算及执行情况。
岗位名称：品牌专业人员。 **岗位说明：**从事品牌规划、品牌塑造、品牌推广、品牌维护和品牌运营的专业人员。 **主要工作任务：** 1. 确定品牌精髓、核心定位和品牌特性； 2. 设计品牌标识； 3. 制定品牌目标和品牌制度； 4. 维护品牌知名度、美誉度和忠诚度； 5. 进行品牌组合、品牌延伸和品牌特许工作；
岗位名称：保险理赔专业人员。 **岗位说明：**从事调查取证、核赔定损、确权明责等保险索赔业务的专业人员。 **主要工作任务：** 1. 会见索赔客户，了解索赔的有关情况； 2. 核查索赔申请单及有关证明和资料； 3. 走访事故现场及医院、公安等相关部门，调查案件真实情况； 4. 调查存疑业务，了解是否存在不符合保险责任或理赔欺诈等情况； 5. 根据索赔内容和理赔调查结果做出是否赔付的决定，并确定保险公司的责任范围和应赔款项； 6. 向客户解释是否理赔的原因。
岗位名称：社会工作者。 **岗位说明：**从事社会服务项目开发设计、个案服务、小组服务、社区建设等专门化社会服务的专业人员。 **主要工作任务：** 1. 调查、分析社会服务需求，开发、设计社会服务项目； 2. 预估服务对象需求，制订服务计划； 3. 进行困难帮扶、情绪疏导、危机干预、行为矫治、关系调适、资源链接、能力建设、社会融入等服务； 4. 帮助面临共同困境或需求的群体建立同伴支持系统； 5. 培育社区组织，组织社区活动，参与社区协商，化解社区矛盾，促进社区发展； 6. 进行专业督导，提升服务团队专业反思和专业服务能力； 7. 进行服务成效评估。

表1-5(续)

岗位名称：小学教育教师。 **岗位说明：**在小学，专门从事教育教学工作的专业人员。 **主要工作任务：** 1. 承担教学任务，备课、授课、辅导、批改作业； 2. 对学生进行考试、考核； 3. 对学生进行思想品德教育，担任班主任、少先队辅导员，组织、辅导学生课外活动； 4. 进行教育教学研究工作。
岗位名称：演出制作人。 **岗位说明：**从事演出工作策划、组织、成本核算和剧组管理的专业人员。 **主要工作任务：** 1. 掌握演出市场的信息，了解观众对演出的欣赏要求，组织、策划剧目演出的创意； 2. 筹措创作、排练、制作、演出、宣传、推广的经费； 3. 制订项目运行方案、经费收支计划、项目周期计划、演出计划、销售计划和宣传方案； 4. 进行项目创作、制作、推广、营销、宣传、商务人员的合同管理； 5. 组织观众、推销剧票； 6. 调查市场反馈，组织学术讨论及开发衍生品。
岗位名称：网络编辑。 **岗位说明：**从事互联网等网络媒体内容策划、稿件组织、加工管理的专业人员。 **主要工作任务：** 1. 策划网站内容； 2. 组织网站稿件； 3. 运用信息发布系统或相关软件，制作网页； 4. 编辑网页内容； 5. 进行网站内容的检查、管理。

表 1-6　办事人员和有关人员

岗位名称：公关员。 **岗位说明：**从事组织机构信息传播、关系协调、形象管理事务的咨询、策划、实施和服务等工作的人员。 **主要工作任务：** 1. 进行组织机构与内外重要公众关系的沟通、协调，处理公众咨询和投诉，接待和安排公众来访； 2. 收集、整理、监测和分析与组织机构形象有关的公众信息，提供组织机构形象管理的咨询建议； 3. 制订组织机构的公众传播计划，编辑、制作和发行组织机构的宣传材料，进行组织机构的新闻发布、形象传播工作； 4. 参与制订组织机构和产品或服务的形象管理计划，策划和组织专题性公众活动，并进行评估； 5. 协助组织机构及有关部门发现并处理组织机构与公众之间的矛盾、问题和突发或危机事件。

表1-6(续)

岗位名称：保卫管理人员。 **岗位说明：**从事维护机关、团体、企事业单位内部治安秩序，开展治安防范，预防违法犯罪，保护单位内部人员和财产安全工作的人员。 **主要工作任务：** 1. 组织制定内部治安保卫制度和防范措施； 2. 维护单位内部治安秩序，预防并制止违法犯罪行为； 3. 组织保安巡逻防范工作，发现并整改治安隐患； 4. 组织建设并维护单位物防、技防设施； 5. 制订突发事件应急处置预案，组织演练。

表 1-7 社会生产服务和生活服务人员

岗位名称：收银员。 **岗位说明：**在消费场所，从事顾客现金、支票收取或金融卡支付办理等工作的人员。 **主要工作任务：** 1. 收验现金、支票，办理银行卡、二维码、移动支付及可支付类卡券支付消费款业务； 2. 甄别假币、辨识银行卡真伪； 3. 提供销售小票和发票； 4. 分析处理个人或部门销售收入核算，上缴销售货款，做出差异报告； 5. 清点、清付商品，检查包装，进行扫描、分类和交付； 6. 审核处理优惠销售权限及退货款批准手续； 7. 使用与保养收款机、销售终端机（POS 机）、计算器、验钞机等工具。
岗位名称：城市轨道交通服务员。 **岗位说明：**从事城市轨道交通车站安全、行车、机电设备运行等工作的人员。 **主要工作任务：** 1. 从事车站运营组织工作； 2. 执行控制中心命令，监控列车运行； 3. 监控和操作车站信号、消防等设备； 4. 在车站监控设备调度权下放情况下办理行车组织； 5. 监控站内安全、处理各类突发事件。
岗位名称：快递员。 **岗位说明：**从事快件揽收、派送和客户信息收集、关系维护及业务推广工作的人员。 **主要工作任务：** 1. 揽收快件，并进行验视、封装、称重、收费等； 2. 结算并上缴当日营业票款，进行快件交接； 3. 接收、开拆快件总包，按址分装快件； 4. 按址投递快件； 5. 处理再投、改退快件，封发转退快件等； 6. 收集客户信息，了解客户需求，宣传、推介快递业务； 7. 建立、维护、更新客户档案； 8. 处理客户投诉和赔偿诉求。

表1-7(续)

岗位名称：营养配餐员。 **岗位说明：**从事就餐对象营养需求调查、分析和平衡膳食与食疗养生食谱设计工作的人员。 **主要工作任务：** 1. 调查市场供应食材的品种、营养、性味特点和食疗功能； 2. 计算不同菜点的营养素含量； 3. 调查、分析就餐对象营养与食疗的差异性需求； 4. 运用营养学知识、结合烹饪技法和食材的食疗功能，设计菜点的营养标签和食疗功能说明； 5. 依人群、餐次和就餐要求，计算热量及三大产能营养素需要量； 6. 设计符合就餐对象要求的主副食品种，配制相应的食疗养生膳和营养配餐食谱。
岗位名称：计算机程序设计员。 **岗位说明：**从事计算机和移动终端应用程序设计、编制工作的人员。 **主要工作任务：** 1. 分析开发需求的概要和细节； 2. 编写、提交模块设计详细文档； 3. 编写、修改程序代码； 4. 验证程序代码的正确性和模块功能的实现程度。
岗位名称：房地产经纪人。 **岗位说明：**在房地产交易活动中，提供房源、客源及房地产交易等信息，协助实地查看房地产，代拟交易合同、代办贷款和不动产登记手续等服务工作的人员。 **主要工作任务：** 1. 采集、核实、发布和匹配房源、客源等信息，协助客户编制房屋状况说明书； 2. 陪同客户实地看房，协助测算贷款和税费等购房费用； 3. 代拟房地产交易合同，提供房地产贷款咨询，代办房地产贷款，协助结算房地产交易资金； 4. 代办不动产登记手续，代缴税费，协助查验和交接房屋； 5. 调研房地产市场，策划新建商品房营销方案，代理销售新建商品房。
岗位名称：创业指导师。 **岗位说明：**从事创业指导辅导、企业经营咨询服务及职业培训工作的人员。 **主要工作任务：** 1. 收集、整理、归纳创业相关信息，解答创业所涉及的知识、政策、法规以及常见问题； 2. 采用分析诊断、信息调研、方案制订、信息服务等方法，帮助解决创办、经营、管理企业过程中遇到的问题和困难； 3. 指导开展项目市场调研、项目可行性分析、风险评估、投资效益预测等，制定企业的产品、客户、市场发展前景和商业模式等发展规划； 4. 讲授创业知识和技能； 5. 指导创业者执行解决方案、评价绩效、完善或代办方案和文案，协助创业者实施商业计划以及问题解决方案； 6. 采用回访调查、后期支持和长期顾问等方式，协助创业者应对和解决问题，帮助改善企业经营管理； 7. 策划、开发培训项目，制订、实施培训工作方案，从事培训管理、教学和咨询活动。

表1-7(续)

岗位名称：会展设计师。 **岗位说明：**在会议、展览及节事活动中，从事空间环境视觉化表现设计工作的人员。 **主要工作任务：** 1. 分析招标要求，撰写投标书； 2. 分析展品、参展企业、参展环境等资料； 3. 设计标准展位以特装展位； 4. 策划、安排展台照明； 5. 设计会展项目标识（LOGO）和配色方案； 6. 设计产品展示、图文和声像演示方案； 7. 监督现场展台搭建、布展及展具安全； 8. 管理展架、材料与服务，监督现场撤展，监督、协调展会过程； 9. 核算项目经费； 10. 维护客户关系。
岗位名称：农产品食品检验员。 **岗位说明：**从事农产品、粮油、食品及相关产品、食品添加剂等质量安全检验检测工作的人员。 **主要工作任务：** 1. 采集样品，试样制备； 2. 准备试剂与配制标准溶液； 3. 进行样品前处理； 4. 运用感官等方法，判定农产品、粮油、食品质量或等级； 5. 使用仪器设备，检测农产品蛋白质、脂肪、维生素 C 等理化指标，检测农产品中农兽药残留、污染物、生物毒素等安全指标； 6. 使用仪器设备，检测粮油水分、杂质、容重、不完善粒、脂肪酸值、脂肪酸组成、品尝指标等理化指标，检测粮油中真菌毒素、重金属、农药残留等安全指标； 7. 使用仪器设备，检测食品中维生素类、淀粉、还原糖等理化指标，检测食品中生物性、化学生、物理及放射性安全指标； 8. 使用仪器设备，检测食品中防腐剂、抗氧化剂、着色剂等添加剂安全指标以及食品中违法添加的非食用物质； 9. 记录检测数据，计算检测结果； 10. 编写检验检测报告； 11. 检查、维护仪器设备，维护检测场所卫生和安全。
岗位名称：保洁员。 **岗位说明：**从事公共场所、公共区域、公共设施、公共水域水面以及建筑物内外清洁、维护工作的人员。 **主要工作任务：** 1. 使用清扫、冲洗等机具或人工方式，清扫、清洗道路、广场等公共场所和公共区域； 2. 使用清洁、冲洗等机具或人工方式，清洁、维护公共设施及建筑物外立面和内部公共区域； 3. 使用清洁、冲洗等机具或人工方式，清洁、打扫公共厕所； 4. 清理、保洁和维护公共水域水面。

表1-7(续)

岗位名称：汽车维修工。 **岗位说明**：使用工、夹、量具和仪器仪表检修设备，维护、修理和调试汽车及特种车辆的人员。 **主要工作任务**： 1. 安装调整工艺装备，准备维护修理工具； 2. 使用工、夹、量具和仪器仪表进行汽车及特种车辆的发动机、底盘、车身、电气等总成（系统）及其零部件检查、调整、更换与修理、故障排除，对汽车外部、内部及轮毂、轮胎等进行安装、装潢； 3. 维护汽车维修使用的工、夹、量具，仪器仪表及设备，排除使用过程中出现的故障； 4. 执行工艺规范，填写维修记录； 5. 清洁作业场地。
岗位名称：动画制作员。 **岗位说明**：从事影视动画中间画绘制、描线上色、音乐音效、数字特效、后期合成、影像编辑等制作工作的人员。 **主要工作任务**： 1. 绘制二维、三维、定格等动画中间画； 2. 依动画片稿对复描线条和颜色设计的要求，使用计算机上描线、上色； 3. 制作动画音乐音效、数字特效，并进行后期合成、影像编辑等。

表 1-8　农、林、牧、渔业生产及辅助人员

岗位名称：园艺工。 **岗位说明**：使用农机具、工具和设施，改良、耕整园地土壤，栽培、收获园艺作物的人员。 **主要工作任务**： 1. 使用耕作机具，翻耕、平整、培肥园地土壤； 2. 使用育苗设施和器具，选择、消毒、浸泡、翻拌种子，培育种苗； 3. 使用播种、栽插机具或人工，播种或移植种苗； 4. 使用灌溉、喷洒机具，浇水、施肥； 5. 使用通风、遮阳、调温等设施器具，控制园艺设施或场所的日照、温湿度； 6. 使用耕作机具，中耕、除草，或者人工修剪、嫁接； 7. 使用授粉器、喷洒器械，授粉、施药； 8. 使用收获机具或人工，采摘和收获花、果、叶等产出品； 9. 使用加工机械或人工，清洗、整理、分级、包装采收物； 10. 维护保养农机具和设施。
岗位名称：水产捕捞工。 **岗位说明**：使用渔船及捕捞、采集工具和设施，捕捞、采收、处理水生动植物产出品的人员。 **主要工作任务**： 1. 根据不同季节和采集对象，选择作业区域和时间； 2. 检查、装配捕捞网具、器械或工具； 3. 使用工具和设施，采摘、收获水生植物产出品； 4. 驾驶渔船，进行投放网具、起网等捕捞作业； 5. 处理、加工捕捞采收物； 6. 维护保养渔船、设备和作业器具。

表1-8(续)

岗位名称： 棉花加工工。 **岗位说明：** 操作轧花、剥绒等设备，进行籽棉的预处理、轧花、剥绒、打包等工作的人员。 **主要工作任务：** 1. 操作输送、清理设备，清除籽棉杂质； 2. 操作配棉系统、轧花机、皮棉清理机，将籽棉加工成皮棉； 3. 操作输送设备、剥绒机、清绒机，将毛棉籽加工成短绒、光籽； 4. 分送皮棉、短绒，打包、称重、刷唛； 5. 处理棉籽、短绒、小花头、灰杂等，打包； 6. 堆放成包皮棉垛。

表 1-9　生产制造及有关人员

岗位名称： 糕点面包烘焙工。 **岗位说明：** 操作和面机、打蛋机、烘烤炉、蒸箱、油炸生产线等生产线设备，将面粉、油脂、糖和禽蛋等原料加工成糕点或面包的人员。 **主要工作任务：** 1. 按照配方将面粉、油脂、糖和禽蛋等原料制作成面团与馅心； 2. 操作自动生产线，设定和调整工艺参数，加工成品及半成品； 3. 操作设备或手工包馅； 4. 操作设备，进行半成品的烘烤、油炸或蒸煮等加工； 5. 操作设备或手工，包装成品。
岗位名称： 白酒酿造工。 **岗位说明：** 以粮食或粮食代用料为原料，使用原料处理、发酵等设备和装置，将酒曲和酒母进行固态或液态发酵，蒸馏、勾调和陈化酿制白酒的人员。 **主要工作任务：** 1. 保藏、复壮、分离、纯化、筛选和培养白酒生产中使用的菌种； 2. 操作专用设备，扩大培养白酒的发酵酵母； 3. 操作筛理、除杂、粉碎等设备，进行谷物原料预处理； 4. 按粮水比与粮醅比进行润料、配料、蒸料； 5. 将熟料扬冷，掺入曲与酵母入酒窖或酒池或酒缸，封窖，进行固态发酵或液态发酵； 6. 酒醅出窖、装甑，操作设备，蒸馏发酵醪，使用香酯对白酒进行串香； 7. 对酿造白酒进行基础酒的组合和调味，对白酒的发酵原酒进行人工老熟处理； 8. 操作设备，进行白酒灌装、封口、贴标和装箱。
岗位名称： 装裱师。 **岗位说明：** 使用专业工具及宣纸、绫、绢等材料，进行中国字画背面和四周衬托、装饰、保护的人员。 **主要工作任务：** 1. 制作、选用装裱专用工具； 2. 配制黏合剂； 3. 识别中国字画作品的类型、特点和材质，选用装裱材料； 4. 按照书画装裱工艺流程，根据作品的材料、质地、性能、规格和用途，选择工具装裱中国字画作品。

表1-9(续)

岗位名称：平板显示膜生产工。 **岗位说明：**操作流延或双向拉伸等设备，运用溶液工艺或熔融工艺，生产平板显示膜的人员。 **主要工作任务：** 1. 操作混合器或结晶干燥设备，进行高分子材料溶解或结晶干燥； 2. 操作流延机工拉伸机等设备，调控温湿度、洁净度等，将处理后的高分子物料制成片膜； 3. 操作涂布设备，进行片膜涂层处理； 4. 操作收卷子设备，进行片膜收卷； 5. 操作检测仪器，检测薄膜的物理、化学、光学等性能； 6. 操作分切、复卷设备，分切、复卷收卷后的片膜； 7. 操作包装设备，包装成品； 8. 检查维护生产设备，发现并处理生产中的异常现象和故障； 9. 记录并保存生产数据。
岗位名称：玻璃制品加工工。 **岗位说明：**使用设备和工具，进行玻璃制品半成品或成品冷、热加工的人员。 **主要工作任务：** 1. 按照工艺要求选取原辅料或自行配制专用加工材料； 2. 操作专用窑炉，进行玻璃制品退火、钢化、烤花、晶化、弯曲等加工和处理； 3. 操作抛光设备或使用工具，进行玻璃制品表面抛光； 4. 操作镀膜设备，在玻璃制品上镀膜； 5. 操作真空设备，进行玻璃制品抽真空； 6. 使用专用设备或工具，进行玻璃制品切割、研磨、粘接和标定等加工； 7. 使用专用设备或工具，进行玻璃制品雕刻、喷砂、印刷、镶嵌等表面装饰加工； 8. 使用检测仪器或设备，检查产品，剔除不合格产品。
岗位名称：模具工。 **岗位说明：**操作设备和使用工具，加工、装配、调试和维修金属或非金属制件模具的人员。 **主要工作任务：** 1. 使用测量工具，检测模具零件； 2. 使用钳工工具等，进行模具零件修配及抛光等加工； 3. 使用钳工工具、钻床等，装配模具，调整模具零件的配合间隙； 4. 检查模具的工作过程、运动干涉、加热冷却系统和安全防护装置等； 5. 将模具安装在压力机、注塑机、压铸机、锻压机等设备上，进行调试与试运行； 6. 检查模具成型零件的形状、尺寸与质量，判断零件缺陷； 7. 根据零件缺陷，分析成型工艺与模具问题； 8. 针对模具加工和装配的质量问题，进行调整和维修。

表1-9(续)

岗位名称：汽车生产线操作工。
岗位说明：操作、调整汽车涂装、焊装、冲压、机加、热处理、锻造、铸造等生产线设备、工装，加工汽车零部件的人员。
主要工作任务：
1. 操作、调整汽车涂装生产线设备和工装，进行汽车零部件、总成的涂装加工；
2. 操作、调整汽车焊装生产线设备和工装，进行汽车覆盖件的焊装加工；
3. 操作、调整汽车剪切、冲压生产线设备和工装，进行汽车零部件的冷冲压加工；
4. 操作、调整汽车机加生产线设备和工装，进行汽车零部件机械加工；
5. 操作、调整汽车热处理生产线设备和工装，进行汽车零部件的热处理、表面热处理、化学热处理等工艺加工；
6. 操作、调整汽车锻造生产线设备和工装，加工汽车锻件；
7. 操作、调整汽车铸造生产线设备和工装，加工汽车铸件；
8. 使用专业检验设备、仪器，检测汽车零部件的工艺过程质量，处理质量缺陷。

岗位名称：电器附件制造工。
岗位说明：使用电玉粉成型机、高速冲床、自动铆接机台、烫金机等专用设备以及耐压仪、电阻仪等仪器仪表，制造、装配、检测插头插座、器具耦合器等电器附件和温湿度控制器零部件的人员。
主要工作任务：
1. 操作供料机、粉碎机、吊装机、电玉粉成型机、丝印机台等设备，加工电器附件零部件；
2. 使用高速冲床、顺送模具、自动钻切、接线端子铆合机等设备和压合夹具，装配导电类金属件；
3. 操作自动铆接机台，将银线和铜线铆接、点焊成导电元件；
4. 操作烫金机、移印机、超声波熔接机、自动组装机等，加工、组装成品；
5. 使用自动化设备、电动或气动装置、组装流水线以及工装夹具等，加工、组装成品；
6. 操作投影仪、耐压仪、弹簧检测仪、电阻仪、测力计等专用检测设备，检查零部件及成品外观和尺寸特性；
7. 使用专用测试设备、仪器，测试塑胶类产品灼热丝、熔融指数、球压等，测试铜材伸长率、抗拉强度等；
8. 维护保养设备。

岗位名称：电气设备安装工。
岗位说明：使用机具、检测仪器，安装、调试电气设备、装置、仪器仪表和线路的人员。
主要工作任务：
1. 检测电气设备、装置、仪器仪表、线缆质量；
2. 安装电气设备及附件，敷设线缆；
3. 进行电气系统的检测、调试和试运行；
4. 进行单机、联动试运行；
5. 监测电气设备运行状况，排除故障；
6. 处理触电等紧急事故；
7. 填写电气设备安装、调试记录。

表1-9(续)

岗位名称：电工。 **岗位说明：**使用工具、量具和仪器、仪表，安装、调试与维护、修理机械设备电气部分和电气系统线路及器件的人员。 **主要工作任务：** 1. 安装、调试、维护、保养电气设备； 2. 架设与接通送、配电线路与电缆； 3. 进行电气设备大修、中修、小修，修理、更换有缺陷的零部件； 4. 安装、调试与修理室内电器线路和照明灯具； 5. 维护保养电工工具、器具及测试仪表。

二、胜任力模型概述

不同行业、企业都在致力于构建适合于自身岗位的胜任力模型。胜任力模型是通过一系列的行为方式，定义和描述员工完成工作所需要具备的知识、技能、品质和工作能力。胜任力模型中需要对每个胜任特征划分等级，并对不同等级的行为进行描述，最终确定核心能力的组合和完成工作所需的熟练程度。

以影响力为例，它表明了一种试图支配与统率他人的倾向，从而使一个人采取各种劝说、说服甚至是强迫的行动来影响他人的思想、情感或行为。无论是观点的陈述、障碍的扫除，还是矛盾的化解、风险的承担，具备该素质的人都会以愿望或实际行动的方式推动达成或实现。因此，这类人通常能够在一个团队里树立个人权威。影响力包括两个维度：一是采取行动影响他人，二是影响力的幅度（见表1-10）。

自信表明了一种对自我能力、优势的认可与肯定，自信可以使一个人认为自己有能力冒风险，接受各种挑战与任务，提出要求并尊重与达成自己所做的承诺。自信是一个人无论是面对挑战还是各种挫折时，对完成一项任务或采用某种有效手段完成任务或解决问题所表现出来的信念。自信是大多数企业领导者与管理者必备的一种素质。影响力包括两个维度：一是自信的程度，二是处理失败的方式（见表1-11）。

成就导向表明一个人始终渴望有所建树，通过不断给自己设定新的或更高、更多的目标而获得某种满足。成就导向是指希望更好地完成工作或达到一个优秀的绩效标准。成就导向包括三个维度：一是目标的设定，二是影响的范围，三是主动程度（见表1-12）。

表1-10　影响力的级别定义

级别	行为描述
A. 采取行动影响他人	
A-1	为了维护个人的地位而涉及企业或组织的利益。
A0	未表现出试图影响、说服他人的意图。
A1	有影响意图但未采取行动。希望对他人有影响力，但只表达了对名誉、地位、外表等方面的关注

表1-10(续)

级别	行为描述
A2	采取单项行动说服他人。在讨论与陈述中运用直接说服法，或者使用直观教具，列举案例、数据等，但并没有采取明显去适应他人兴趣与能力的行动。
A3	采用多项行动说服他人。没有表现出明显适应他人兴趣与能力的意图，但是采取了两个或两个以上的行动步骤做说服工作。
A4	对个人言行对他人的影响有所准备。调整陈述方式或讨论内容以特别适应他人的兴趣与能力，对他人的反应有期待与准备。
A5	采取典型行动。为了产生一种特定影响，而采取一些典型行为或不寻常的、戏剧性的行为。
A6	采用两个步骤影响他人。每一个步骤都适应特定对象的需要或有特定的效果。
A7	采用间接影响。利用专家或其他第三方影响他人。
A8	运用复杂的影响策略。运用政治上的同盟，或者运用“群策技巧”，或者寻求“幕后支持”等。
B. 影响力的幅度	
B1	个人。
B2	工作小组或团队。
B3	部门。
B4	部门、中型企业或组织。
B5	大型企业或组织。
B6	市级政府的专业组织。
B7	省级政府的专业组织。
B8	国家级政府的专业组织。
B9	国际级政府的专业组织。

表 1-11　自信的级别定义

级别	行为描述
A. 自信的程度	
A-1	缺乏自信。一般对自己的能力持怀疑态度，常常表现得很无助，明显缺乏自我表现能力。
A0	缺乏自信，只是一味地服从，同时对各种挑战敬而远之。
A1	表现得很自信。独立做出决策，在没有监督的条件下独立工作。
A2	表现得非常自信，给人以深刻的印象。不顾他人的反对，甚至相关的一些规定，将自己的决策化为行动。
A3	对自己的能力颇为自信。视自己为专家，是推动某事发生与发展的主要动力与源头，始终觉得自己比他人强。
A4	自信地阐明自己的主张。在各种冲突与矛盾中明确地坚持自己的立场，在行动和语言中都表现出自信。
A5	主动接受挑战。很乐意接受挑战与寻求额外的新任务。面对上级管理者，能够机智且礼貌地向管理层与下属表达自己的反对意见，明确自信地坚持自己的立场。
A6	将自己置于挑战性极强的环境中。直截了当地面对上司与下属，选择承担挑战性极强的任务。

表1-11(续)

级别	行为描述
B. 处理失败的方式	
B-2	全盘否定自己。
B-1	将失败的原因归因于他人或外部环境，视自己为受害者。
B0	不接受失败，即使知道责任或问题出在自身。
B1	承担失败的责任。采用具体的方法承认错误与缺点，“我错估了条件”。
B2	从错误中吸取教训。通过分析行为过程看清失败的根源，并在未来的工作中加以防范与纠正。
B3	允许自己对他人犯错误，并采取行动加以改正。

表 1-12　成就导向的级别定义

级别	行为描述
A. 目标的设定	
A-1	没有优秀工作的标准。对工作没有特别的兴趣，只关注自己分内的事情。
A0	关注工作任务。工作很辛苦，但绩效并不显著。
A1	要把工作做好。试图把工作做好、做对，但由于工作缺乏效率导致绩效改进并不明显。
A2	设法达成他人设定的标准。例如，管理层设定的各种标准（实现预算、完成销售额等）。
A3	形成自己关于“绩优”的标准。例如，成本支出、质量等级、花费的时间等，但是不具备太强的挑战性。
A4	绩效改进。虽然没有设定具体的目标，但对整个系统或工作方法、工作流程采取了具体的变革或创新，以提高绩效。
A5	设定具有挑战性的目标。设定并努力达成挑战性的目标。
A6	进行成本-收益分析。基于投入和产出分析做出资源配置、目标选择等方面的决策。
A7	敢于承担一定的风险。面对未来的不确定性，在采取行动使风险最小化的情况下，敢于集中一定的资源或时间进行创新，改进绩效或达成挑战性的目标。
A8	坚忍不拔。直面挫折，采取持久的行动，付出不断的努力。
B. 影响的范围（要求目标的设定在 A3 以上）	
B1	影响个体绩效。通过时间管理和良好的人际沟通努力，改善自己的绩效。
B2	影响至少两个人的绩效。
B3	影响一个工作团队的绩效，以提高系统效率，改进团队绩效。
B4	影响一个部门的绩效。
B5	影响一个中等规模的组织或公司某一部门的绩效。
B6	影响一个大型企业或组织的绩效。
B7	影响某一产业的绩效。
C. 主动程度（要求目标的设定在 A3 以上）	
C0	没有任何创新。
C1	对工作有些创新，但在企业或组织中的其他部门早已做过了。
C2	对企业或组织进行创新，为改进绩效在企业或组织中进行了创新，但并不具备普遍意义。

表1-12(续)

级别	行为描述
C3	对行业标准或规范的创新。通过行业标准创新与变革获得超额利润。
C4	引发行业巨大变迁与革命的创新活动。

三、工作说明书的构成

工作说明书包括工作描述和工作规范两大部分。

工作描述是指用书面形式对组织中各类职位的工作性质、工作任务、工作职责、工作关系、工作环境等工作特性方面的信息加以规范和描述的文件。工作描述阐明了任职者应该做什么、如何去做、工作的环境和条件是什么。通过工作描述，可以让员工清晰地了解该岗位的工作任务、责任、职权，有利于组织对员工的招聘、考核和培训。

工作规范也称任职资格，是指任职者为了完成工作和取得良好的工作绩效，所需具备的知识、技能、能力、个性特征。为了胜任某项工作，任职者必须在教育程度、工作经验、知识、技能、体能、个性特征等方面，达到这项工作的最低要求。

典型的工作说明书如表 1-13 所示。

表 1-13　工作说明书

<table>
<tr><td colspan="4">公司名称：</td><td>编写日期：</td></tr>
<tr><td colspan="5">一、基本信息</td></tr>
<tr><td>职位名称：</td><td colspan="3">职位编号：</td><td>部门名称：</td></tr>
<tr><td>职位级别：</td><td colspan="3">直接上级：</td><td>直接下属：</td></tr>
<tr><td colspan="5">二、工作概述</td></tr>
<tr><td colspan="5">三、主要职责</td></tr>
<tr><td colspan="2">描述</td><td colspan="2">时间占比</td><td>绩效重点</td></tr>
<tr><td colspan="2">1.</td><td colspan="2"></td><td></td></tr>
<tr><td colspan="2">2.</td><td colspan="2"></td><td></td></tr>
<tr><td colspan="2">3.</td><td colspan="2"></td><td></td></tr>
<tr><td colspan="2">4.</td><td colspan="2"></td><td></td></tr>
<tr><td colspan="2">5.</td><td colspan="2"></td><td></td></tr>
<tr><td colspan="5">四、工作关系</td></tr>
<tr><td colspan="5">内部主要工作关系：</td></tr>
<tr><td colspan="5">外部主要工作关系：</td></tr>
<tr><td colspan="5">五、工作环境与条件</td></tr>
<tr><td colspan="5">环境状况：</td></tr>
<tr><td colspan="5">工作设备：</td></tr>
<tr><td colspan="5">职位危害：</td></tr>
</table>

表1-13(续)

六、任职资格	
1. 教育水平	
2. 工作经验	
3. 必要知识	
4. 必要技能	
5. 资格认证	
6. 个性特征	
7. 个人品质	
8. 身体条件	
9. 特殊要求	

实训项目一　问卷调查法应用

实训目的

1. 通过问卷设计和实地调查，掌握问卷调查的步骤和流程。
2. 通过采用在线调查方式，掌握问卷的创建、投放、数据和结果导出。
3. 学会使用常用的统计软件进行数据分析。

实训内容

1. 以小组为单位，任选一个组织（营利性组织和非营利性组织均可）为研究对象，小组成员曾经在该组织实习或工作过，或者正在该组织实习或工作最佳。若无，推荐选择亲朋好友工作的组织，以便于进行调查。

2. 小组成员每人选取该组织的一个岗位作为研究对象，该岗位可以同属一个部门，也可以分属不同部门。

3. 完成实训报告，并以电子演示文稿（PPT）形式在课堂进行交流汇报。

4. 由学生和教师进行提问，进行成绩评定。教师和学生代表的评分各占总分的 50%。

评分要点

1. 问卷调查的过程完整，问卷设计、数据分析、报告撰写等规范。
2. PPT 制作精美，现场展示流畅，小组成员配合得当。
3. 能准确回答教师和学生提出的问题。

实训报告

参考资料 1

工作分析调查问卷

1. 基本资料

公司__________ 部门__________

岗位名称__________ 岗位编号__________

岗位级别__________ 直接上级__________

直接下属__________ 直接下属数量__________

2. 请概括地描述您所从事的工作岗位

____

3. 请按重要性，从高到低排列本岗位的工作职责

序号	工作内容	占比	工作成果	考核要点
1				
2				
3				
4				
5				
6				

4. 内部接触的部门

____

5. 外部接触的机构

____

6. 本岗位要求的最低学历

□初中及以下　□高中/中专/职高/技校　□大专/高职

□大学本科　□硕士研究生　□博士研究生

7. 本岗位所需工作经验

□0　□1 年及以下　□2~3 年　□4~5 年　□6~10 年　□11 年及以上

8. 本岗位是否需要上岗资格证书？

□是　□否

9. 本岗位所需的知识和要求

序号	知识	低	较低	一般	高	较高
1	计算机知识					
2	外语知识					
3						

序号	知识	低	较低	一般	高	较高
4						
5						
6						

10. 本岗位必须具备的能力

序号	能力	低	较低	一般	高	较高
1	领导能力					
2	组织协调能力					
3	分析能力					
4	决策能力					
5	创新能力					
6	公文写作能力					
7	时间管理能力					
8	谈判能力					
9	激励能力					
10	人际关系能力					
11						
12						

11. 本岗位所需身体条件

序号	身体条件	低	较低	一般	高	较高
1	体力					
2	协调性					
3						
4						
5						

12. 本岗位是否经常加班？

□是　　　　　　　　□否

13. 加班的主要原因

□工作量大完不成　□开会　□培训　□临时工作任务　□其他

14. 本岗位是否经常出差？

□是　　　　　　　　□否

15. 平均每月出差天数

□1 天　□2～4 天　□5～10 天　□10 天及以上

16. 本岗位所需个性特征和个人品质要求

17. 工作中所使用的设备与工具

序号	设备与工具	一直使用	经常使用	偶尔使用
1				
2				
3				
4				
5				
6				

18. 工作环境的危害程度

序号	危害源	极少	轻微	中度	较重	严重
1	噪音					
2	震动					
3	高温					
4	粉尘					
5	异味					
6						
7						
8						

19. 您认为本岗位有哪些不合理的地方？应如何改进？

参考资料 2

问卷调查的操作流程

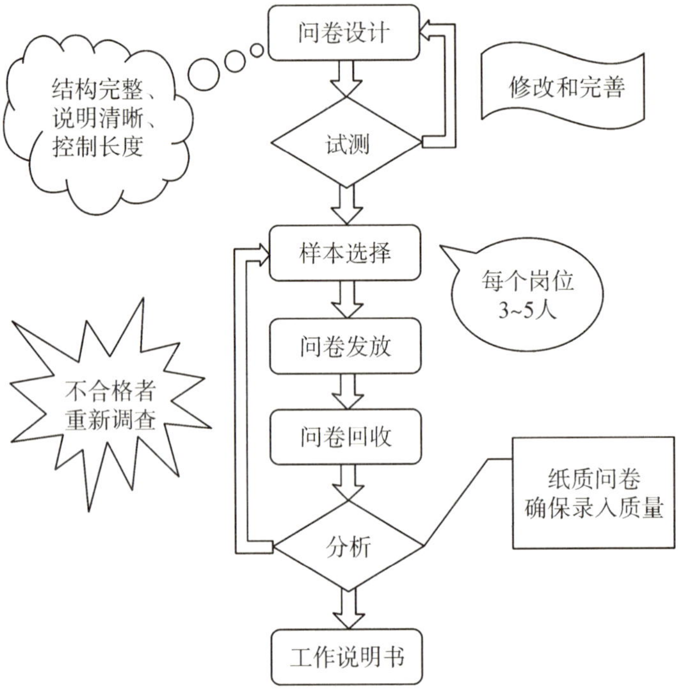

问卷调查流程图

实训项目二　访谈法应用

实训目的

1. 通过设计访谈问题和进行实地访谈，掌握访谈的流程。
2. 了解和掌握访谈的基本技巧。
3. 学会使用常用的统计软件进行数据分析。

实训内容

1. 以小组为单位，任选一个组织（营利性组织和非营利性组织均可）为研究对象，小组成员曾经在该组织实习或工作过，或者正在该组织实习或工作最佳。若无，推荐选择亲朋好友工作的组织，以便于进行调查。

2. 小组成员每人选取该组织的一个岗位作为研究对象，该岗位可以同属一个部门，也可以分属不同部门。

3. 完成实训报告，并以 PPT 形式在课堂进行交流汇报。

4. 由学生和教师进行提问，进行成绩评定。教师和学生代表的评分各占总分的 50%。

评分要点

1. 访谈的过程完整，问题设计、数据分析、报告撰写等规范。
2. PPT 制作精美，现场展示流畅，小组成员配合得当。
3. 能准确回答教师和学生提出的问题。

实训报告

参考资料 1

工作分析访谈表

岗位名称______________ 岗位编号______________

岗位级别______________ 工作地点______________

所属部门______________ 直接上级______________

直接下属______________ 直接下属数量__________

访谈人员______________ 访谈日期______________

一、职位设置的目的

1. 本岗位最终取得的成果是什么？
2. 为何设置这一岗位？

岗位设置目的	

二、工作职责

1. 您的工作职责是什么？请按重要性进行排序。
2. 在各项职责中，哪些是常规性工作？哪些是临时性工作？
3. 您的工作职责是否与其他工作的职责是否有交叉重复？若有，您是如何协调的？

常规性工作	工作权限	重要性

临时性工作	工作权限	重要性

三、工作关系

1. 您履行工作职责时，需要从组织哪些岗位或部门获得所需的信息、服务或接受监督？具体内容是什么？

2. 您履行工作职责时，需要向组织哪些岗位或部门提供信息、服务或行使监督？具体内容是什么？

3. 您履行工作职责时，需要和组织外哪些机构发生联系？具体内容是什么？

工作关系	关系岗位或部门	具体内容
内部工作关系		
外部工作关系		

四、工作特征

1. 您是否经常加班？平均每周加班多长时间？

2. 您是否经常出差？平均每月出差多长时间？

加班或出差	是或否	平均时长
加班		每周平均加班______小时
出差		每月平均出差______天

五、行为事件

1. 请描述2~3个您认为最成功或最满意的工作事件，包括事件是如何引起和发生的？事件的基本过程和您在事件中是如何做的？当时周围的情景如何？您是如何克服和解决困难的？事件的结果如何？您的感受和想法是什么？

第一个成功事件

第二个成功事件
第三个成功事件

2. 请描述 2~3 个您认为最失败或最遗憾的工作事件，包括事件是如何引起和发生的？事件的基本过程和您在事件中是如何做的？当时周围的情景如何？您遇到了哪些困难和障碍？事件的结果如何？您的感受和想法是什么？

第一个失败事件
第二个失败事件
第三个失败事件

3. 本岗位最为关键的素质有哪些？

岗位关键素质	

六、任职资格

1. 从事本岗位工作应具备的最低教育程度是什么？
2. 从事本岗位工作需要具备哪些资格证书？
3. 从事本岗位工作需要哪些方面的知识、技能和能力？请一一列举说明。
4. 从事本岗位工作需要具备哪些经验？

任职资格	具体内容
1. 教育程度	
2. 资格证书	

任职资格	具体内容
3. 专业知识、技能、能力	
4. 工作经验	

七、身体条件

1. 完成本岗位所需的体力要求是什么？
2. 完成本岗位所需的心理要求是什么？

身体条件	具体内容
1. 体力要求	
2. 心理要求	

八、工具与设备

请列举工作中使用的设备与工具及其使用频率。

序号	设备与工具	使用频率
1		
2		
3		
4		
5		
6		

九、工作环境

请简单叙述工作的环境条件及改进建议。

工作环境	
改进建议	

十、其他

本岗位还有哪些补充说明？请列出。

岗位补充说明	

参考资料 2

访谈基本技巧

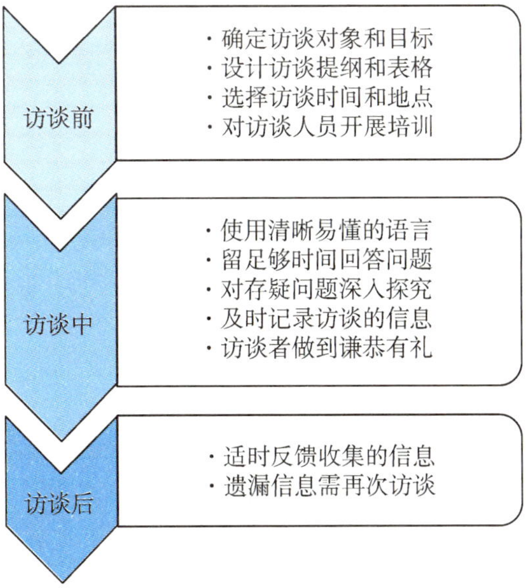

访谈技巧图

实训项目三　胜任力模型构建

实训目的

1. 通过设计访谈问题和进行实地访谈，掌握行为事件访谈法的步骤。
2. 了解和掌握胜任力模型构建方法。
3. 学会使用常用的统计软件进行数据分析。

实训内容

1. 以小组为单位，任选一个组织（营利性组织和非营利性组织均可）为研究对象，小组成员曾经在该组织实习或工作过，或者正在该组织实习或工作最佳。若无，推荐选择亲朋好友工作的组织，以便于进行调查。

2. 小组成员每人选取该组织的一个岗位作为研究对象，该岗位可以同属一个部门，也可以分属不同部门。

3. 完成实训报告，并以 PPT 形式在课堂进行交流汇报。

4. 由学生和教师进行提问，进行成绩评定。教师和学生代表的评分各占总分的 50%。

评分要点

1. 胜任力模型构建的流程完整，问题设计、数据分析、报告撰写等规范。
2. PPT 制作精美，现场展示流畅，小组成员配合得当。
3. 能准确回答教师和学生提出的问题。

实训报告

参考资料 1

胜任力模型构建的前期准备如下图所示。

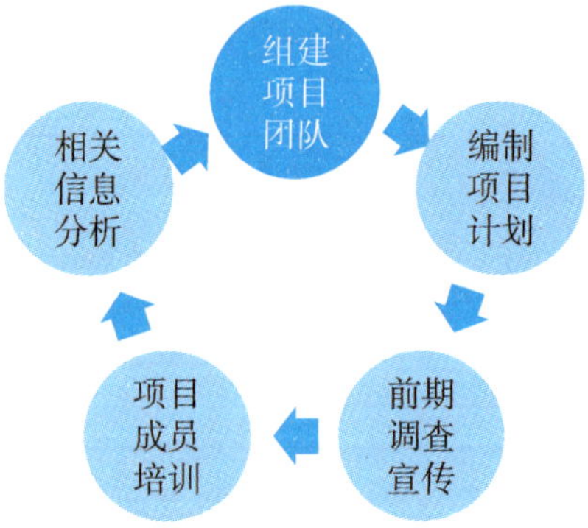

胜任力模型构建的前期准备

参考资料 2

行为事件访谈法操作步骤如下图所示。

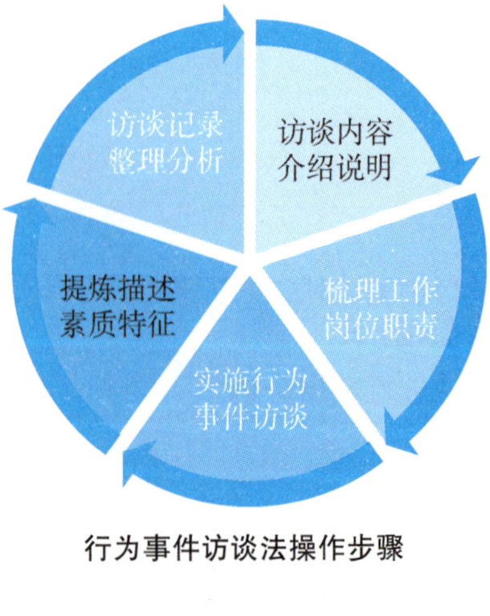

行为事件访谈法操作步骤

参考资料 3

胜任力模型构建的实施流程图

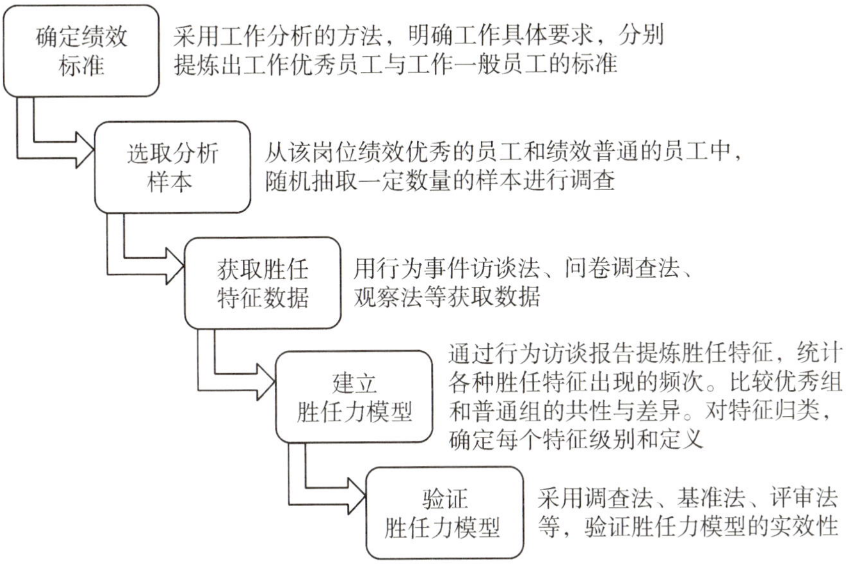

胜任力模型构建实施流程图

参考资料 4

营销岗位胜任力模型

要素	要素类型	知识、技能、素养类型
知识	通用知识	企业知识
		产品知识
		管理知识
		财务知识
	通用营销知识	市场营销学基础知识
		消费者行为学知识
		国际市场营销学知识
	市场簇专业知识	市场调研与分析知识
		营销策划知识
		公共关系管理知识
		品牌管理知识
	销售簇专业知识	推销技巧知识
		商务谈判知识
		分销渠道管理知识
		销售管理知识

续表

要素	要素类型	知识、技能、素养类型
知识	客服簇专业知识	客户关系管理知识
		服务营销知识
	互联网运营专业知识	网络营销知识
	标准市场营销类岗位专项知识	×××岗位专项知识
技能与能力	通用营销能力	沟通能力
		表达能力
		应变能力
		团队合作能力
		人际交往能力
		创新能力
	市场簇专业技能	市场调研与分析技能
		营销策划技能
		公共关系管理技能
		品牌管理技能
	销售簇专业技能	推销技巧技能
		商务谈判技能
		分销渠道管理技能
		销售管理技能
	客服簇专业技能	客户关系管理技能
		服务营销技能
	互联网运营专业技能	网络营销技能
	标准市场营销类岗位专项技能	×××岗位专项技能
	办公技能	办公自动化应用技能
素养	道德类素养	诚信意识
		合规意识
	工作类素养	团队合作意识
		全局意识
		客户服务意识
		风险防范意识
岗位分级		
一级专员	能够运用营销的基本知识与基本技能独立完成本岗位的常规工作。	
二级主管	能够熟练运用营销的基本知识与基本技能独立完成本岗位的常规工作，并在特定情况下能够运用专门技能完成较为复杂的工作，能够与他人进行合作。	
三级经理	能够熟练运用营销的基本知识与基本技能和专门技能完成本岗位较为复杂的工作，包括完成部分非常规性工作，能够独立处理工作中出现的问题，能够指导和培训一、二级技能人员。	

实训项目四　工作说明书编制

实训目的

1. 学习和理解工作说明书的构成及内容。
2. 了解和掌握工作说明书的编制。

实训内容

1. 根据问卷调查法、访谈法收集的信息，每人编写一份工作说明书。
2. 以小组为单位，汇总每个成员的成果，编制一份完整的某组织工作说明书。
3. 完成实训报告，并以 PPT 形式在课堂进行交流汇报。
4. 由学生和教师进行提问，进行成绩评定。教师和学生代表的评分各占总分的 50%。

评分要点

1. 数据收集详实，工作说明书撰写规范。
2. PPT 制作精美，现场展示流畅，小组成员配合得当。
3. 能准确回答教师和学生提出的问题。

实训报告

参考资料 1

书店某门店店员工作说明书

<table>
<tr><td colspan="2">岗位名称</td><td>门店店员</td><td>岗位编号</td><td>×××</td></tr>
<tr><td colspan="2">所在部门</td><td>运营部</td><td>岗位等级</td><td>×××</td></tr>
<tr><td colspan="2">直接上级</td><td>门店店长/经理</td><td>直接下级</td><td>无</td></tr>
<tr><td colspan="2">直接下级</td><td>无</td><td>编制日期</td><td>××××.××.××</td></tr>
<tr><td colspan="5">工作职责</td></tr>
<tr><td rowspan="2">职责一</td><td colspan="4">职责概述：参与门店运营</td></tr>
<tr><td>工作任务</td><td colspan="3">了解门店的运营模式，参与日常工作以及活动等</td></tr>
<tr><td rowspan="4">职责二</td><td colspan="4">职责概述：熟悉各产品区域，按照要求进行轮岗</td></tr>
<tr><td rowspan="3">工作任务</td><td colspan="3">书区店员了解书区分类、熟悉书籍简介以及畅销书籍</td></tr>
<tr><td colspan="3">商品区店员了解商品分类、熟悉商品以及活动商品</td></tr>
<tr><td colspan="3">吧区咖啡师以及服务员了解咖啡的类型以及制作</td></tr>
<tr><td rowspan="3">职责三</td><td colspan="4">职责概述：按照门店的工作流程进行操作</td></tr>
<tr><td rowspan="2">工作任务</td><td colspan="3">熟悉并按照工作流程进行操作</td></tr>
<tr><td colspan="3">完成日常工作任务</td></tr>
</table>

续表

工作权限	
有权提出调整区域的建议	
有权阻止无关人员进入工作人员区域（例如，咖啡区内部、收银台内部等）	
工作关系	
内部关系	店长、店经理、督导
外部关系	顾客
任职资格	
教育水平	中专以上
专业	不限
培训经历	销售培训或咖啡培训
经验	不限（有经验者优先）
知识	咖啡常识、销售常识
技能技巧	有较强的人际沟通能力
个人素质	礼貌细心、热情大方、身体健康、无不良嗜好
其他	
使用工具/设备	果汁机、咖啡机、电脑、验钞机
工作环境	室内
工作时间特征	轮班制
所需记录文档	无
考核指标	
星级考核：1. 对各区域的熟悉程度	
2. 工作态度、工作能力	
备注	

参考资料 2

幼儿园教师工作说明书

岗位名称	幼儿园教师（大班）
所属部门	教学
直接上级	教学主任
工作地点	×××
分析时间	××××. ××. ××

续表

岗位概述	负责本班的教育工作，协助班主任开展德育工作，做好家长工作，做好幼儿安全、保健工作，努力学习专业理论，提升自身的业务素质
岗位位置	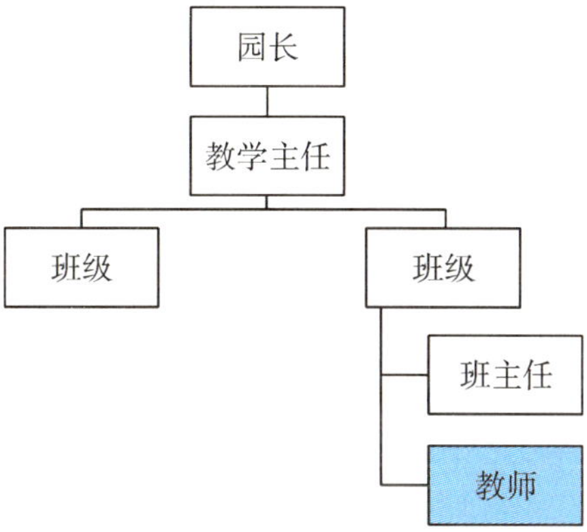
工作关系	1. 与其他老师密切配合，共同工作 2. 及时向园领导汇报工作，接受检查及指导 3. 认真与家长沟通，定时和每个幼儿家长保持联系
岗位职责	一、花 60%的工作时间做以下工作： 1. 在教室上幼儿的数学、英语、音乐、手工课 2. 上午 20 分钟的早操课 3. 下午的户外运动课 二、花 20%的工作时间做以下工作： 1. 督促幼儿在中午时间吃好午饭 2. 照顾中午午休的幼儿 3. 安排幼儿下午吃可口的水果 三、花 20%的工作时间做以下工作： 1. 完成自己的午饭 2. 在办公室完成打印、研究工作 3. 与家长沟通，向园领导汇报工作 四、其他 一些孩子比较淘气或身体欠佳，有磕磕绊绊或生病的情况，需要老师格外照顾
任职条件	1. 全日制大学专科及以上学历 2. 专业为学前教育且取得幼儿教师资格证书 3. 具有健康体检证和普通话二甲及其以上证书 4. 有爱心，有责任心，认真负责，热爱教育工作 5. 掌握幼儿心理学及幼儿的特点
工作设备	钢琴、电视机、电脑及打印机、黑板等教学工具
工作环境	1. 工作环境舒适、明亮、有保暖设备 2. 一日三餐有营养且味道好 3. 孩子们活泼可爱，家长积极配合 4. 同事们互帮互助，气氛融洽

参考资料3

某快餐店排班副经理工作说明书

一、职位基本信息		
职位名称	排班副经理	
所属部门	管理组	
工作地点	×××	
直接上级	资深副经理	
编制日期	××××. ××. ××	
二、岗位职责		
序号	主要职责	
1	接受店长的领导，对店长负责	
2	负责店里员工当班工作时间安排	
3	与资深副经理及储备经理轮流值班	
4	准时参加培训、例会等	
5	妥善处理顾客要求得不到满足等突发事件	
6	及时和上级领导交流工作中出现的问题以及自己的一些看法和建议	
7	积极完成工作中出现的其他问题	
8	与员工做好沟通，了解每个员工的想法	
三、任职资格		
1. 教育程度	大专及以上学历	
2. 工作经验	有服务类工作经验者优先	
3. 知识要求	了解顾客的心理和需求	
	有良好的服务技巧	
	掌握工作的服务技能	
	了解各个部门的职能	
4. 能力要求	身体灵活、四肢协调	
	表达能力较强	
	有处理投诉和突发事件的能力	
5. 个人品质要求	有上进心、有责任心、有团队精神、服务意识强	
6. 体能要求	身体健康、体力充沛、行动敏捷	
	有健康证	
四、工作设备		
电脑终端及打字机、对讲机等		
五、工作环境		
1. 干净、明亮、有保暖设备		
2. 交通便利、位于商业圈		

参考资料 4

市场部经理工作说明书

岗位名称	市场部经理	岗位编号	××××
所在部门	市场部	岗位定员	1 名
直接上级	营销总监	工资等级	×级
直接下级	品牌运作、平面设计、客户关系专员	薪酬类型	×××
所辖人员	3 名	岗位分析日期	××××. ××. ××

职责概述

1. 协助营销总监，参与公司营销管理
2. 负责领导建立公司市场信息系统，组织市场研究，制定产品营销组合
3. 领导开展销售辅助管理和客户档案管理工作
4. 负责分管部门员工队伍建设，提出和审核下属各部门的人员调配、培训和考核
5. 完成营销总监交办的其他工作任务

岗位位置

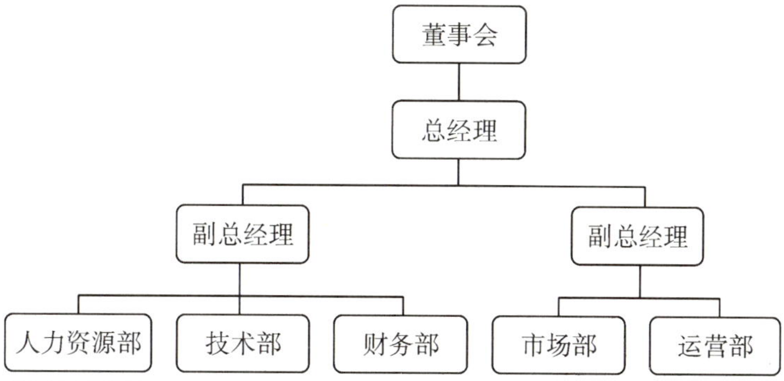

工作描述

1. 参与制订部门的年度经营计划和预算方案
2. 组织收集相关信息，及时了解和监督营销战略的执行情况
3. 负责领导建立市场信息系统，收集行业市场、竞争者、经销商、客户投诉等信息
4. 负责领导制订市场调研方案，并监督实施
5. 负责领导市场研究分析工作，进行产品市场定位，确定市场目标
6. 负责组织制定公司产品销售价格体系
7. 负责领导制定公司销售区域划分和渠道网络规划
8. 负责组织客户传真、电子邮件的信息管理
9. 负责组织协调销售与经销商的信息沟通，确保销售合同签订与履行
10. 负责主持市场、客户服务制度的制定，检查执行情况

任职资格

教育背景	大学本科以上，经济、管理等相关专业
培训经历	营销管理培训、外贸知识培训、法律培训

续表

经验	5 年以上工作经验，3 年以上管理经验
技能	熟练使用自动化办公软件，具备基本网络知识
特征能力	责任心强，爱岗敬业 具有较强的领导能力和较高的执行能力 具有良好的分析判断能力和决策能力 具有很强的人际沟通能力 具有较强的团队合作能力 具有较强的学习能力
体能要求	身体健康，能承受快节奏的工作
工作条件	
使用工具/设备	电脑、电话
工作地点	办公室
工作时间特征	常规白班，偶尔加班

实训项目五　招聘广告编写

实训目的

1. 了解和掌握工作分析在招聘各个环节中的应用。

2. 应用工作分析的相关理论和方法，解决人员招聘中出现的问题，提高人力资源管理绩效。

实训内容

1. 选取实训项目四撰写的工作说明书，每人编制一份该岗位的招聘广告。
2. 以小组为单位，汇总每个成员的成果，编制一份某组织的招聘广告。
3. 完成实训报告，并以 PPT 形式在课堂进行交流汇报。
4. 由学生和教师进行提问，进行成绩评定。教师和学生代表的评分各占总分的 50%。

评分要点

1. 数据收集详实，招聘广告撰写规范。
2. PPT 制作精美，现场展示流畅，小组成员配合得当。
3. 能准确回答教师和学生提出的问题。

实训报告

参考资料 1

星光新能源有限公司招聘广告

一、公司简介

星光新能源有限公司成立于 2010 年，致力于打造以锂电池材料为核心，以锂电池、电动汽车动力总成、整车制造、智能电网储能系统的研发、生产、销售为一体的新能源闭合式循环产业链。

三、招聘信息

（一）水处理工程师

薪资待遇：××××。

工作地点：××。

招聘人数：××人。

岗位职责：

1. 负责整车厂及电池厂废水处理合法达标排放；

2. 负责水质化验分析，及时调整运行参数，确保废水站稳定运行；

3. 负责废水站改进和设备维护保养，完成领导交办的临时工作。

任职要求：

1. 环境或机械类相关专业，有实际废水处理 2 年以上工作经验；

2. 熟悉废水物化和生化处理工艺；

3. 熟悉水处理相关标准、法律及法规，可独立独自地完成污水各项指标的检测；

4. 熟悉水质指标检测方法（COD、BOD、HP 等）；

5. 熟练运用 CAD 制图软件、office 及相关工作软件；

6. 持危险化学品安全管理资格证书优先。

（二）行政专员

薪资待遇：××××。

工作地点：××。

招聘人数：××人。

岗位职责：

1. 负责印章管理及相关流程与合同管理；

2. 能独立处理工商变更、企业资质办理等事务；

3. 执行人力资源及行政管理各项实务的操作流程，按照各类规章制度实施监督，配合其他业务部门工作；

4. 了解基本财务支付、票据审核制度及流程；

5. 策划及组织并执行企业对外对内大型活动、商务宴请及团队福利建设等；

6. 负责日常基础行政工作、外联工作以及集团内兄弟公司的工作对接与协调等。

任职要求：

1. 相关工作经验 2 年以上，有实体行业工作经验者优先考虑；
2. 熟悉基本办公软件、会议系统的使用，熟悉基本公文写作；
3. 具备良好的沟通表达能力，具有亲和力，性格开朗、活泼、热情。

（三）财务经理

薪资待遇：××××。

工作地点：××。

招聘人数：××人。

岗位职责：

1. 组织编制公司年度财务预算及预算报告；
2. 分解年度公司预算指标并对执行情况进行检查分析；
3. 制订部门年度工作计划；
4. 有效监控和预测现金流；
5. 审核公司各项资金支出；
6. 维护同银行等部门的关系，疏通融资渠道，满足公司经营运作资金的需求；
7. 分析生产经营情况及成本管控中的问题并报公司领导及相关部门；
8. 合理进行税收筹划，节约公司税务成本；
9. 协调公司与税务部门的关系；
10. 建立、健全公司财务管理体系；
11. 审核公司各项财务报表的报出；
12. 监控公司内控制度的有效执行。

任职要求：

1. 财务、审计类相关专业，本科及以上学历；
2. 8 年以上工作经验，有工程、制造业企业工作背景；
3. 中级会计师以上职称，注册会计师、注册税务师优先，有成本会计经验者优先；

三、联系方式

邮箱：××××。

邮件标题格式：“姓名 所应聘的岗位 联系方式”。

联系地址：××××。

联系电话：××××。

参考资料 2

信科公司内部招聘广告

为促进员工个人事业发展，激发员工潜力，按照“公开、平等、竞争、择优”的选人用人机制，本公司因业务发展需要，就以下岗位在公司内部进行公开招聘。具体内容如下：

- **招聘岗位一**

一、岗位名称及数量

营销经理（1 名）。

二、岗位职责及任职要求

岗位职责：

1. 采购公司所需原材料；
2. 负责商务及重要客户的接待工作；
3. 销售公司产品；
4. 采购及销售的方案、业务流程制定；
5. 目标结果的完成分析及汇总；
6. 参加同行业协会的交流沟通；
7. 完成企业宣传及产品推广；
8. 服从领导的其他工作安排。

任职要求：

1. 在公司工作满 4 年；
2. 大专以上学历，年龄 25~45 岁，营销、管理类专业优先；
3. 善于表达沟通，执行力较强；
4. 实践经验丰富，有带领团队的能力；
5. 可以根据工作需要短期出差。

三、工作地点

广东。

- **招聘岗位二**

一、岗位名称及数量

质检专员（3 名）。

二、岗位职责及任职要求

岗位职责：

1. 成品、半成品的检验；
2. 协助工厂来料检验及处理日常工作；
3. 发现成品质量及原料问题，并及时上报反馈；
4. 按公司要求完成生产过程巡检工作及相关记录。

任职要求：

1. 在公司工作满 1 年；
2. 大专及以上学历；
3. 能熟练使用 Word、Excel、PowerPoint 等办公软件；
4. 条理清晰，做事仔细，有原则；
5. 能适应两班倒工作。

三、工作地点

福建。

- **应聘须知**

1. 请符合条件的应聘人员，于×月×日前将员工信息表、身份证、毕业证、获奖证书及其他相关证书电子版压缩成一个文件压缩包，压缩包名称按照“内部应聘+相关岗位名称+姓名”的格式提交至相应电子邮箱。公司人力资源部初步筛选简历后，将电话通知面试。

2. 应聘者应对提交材料的真实性负责。凡弄虚作假者，一经查实，即取消面试资格或聘用资格。

3. 招聘过程中，公司承诺为应聘者私人信息保密。

联系人：××××。

电话：××××。

邮箱：××××。

实训项目六　管理案例分析

实训目的

1. 了解和掌握工作分析的基本内容、主要方法、实施流程。
2. 应用工作分析的相关理论和方法，解决管理中出现的问题，提高人力资源管理绩效。

实训内容

1. 认真阅读和思考相关管理案例。
2. 根据案例提出的问题，提出解决方案。
3. 完成案例分析报告，并以 PPT 形式在课堂进行交流汇报。
4. 由学生和教师进行提问，进行成绩评定。教师和学生代表的评分各占总分的50%。

评分要点

1. 能够理论结合实际，案例分析报告撰写规范。
2. PPT 制作精美，现场展示流畅，小组成员配合得当。
3. 能准确回答教师和学生提出的问题。

管理案例

参考资料 1

不拉马的士兵

一名年轻的炮兵军官上任后，到下属部队视察操练情况。在操练中，总有一名士兵始终站在大炮的炮筒下，纹丝不动。经过询问，该军官得到的答案是：操练条例就是这样规定的。原来，操练条例遵循的是用马拉大炮时代的规则，当时站在炮筒下的士兵的任务是拉住马的缰绳，防止大炮发射后因后坐力产生的距离偏差，并减少再次瞄准的时间。现在的大炮不再需要这一角色了，但条例没有及时调整，出现了不拉马的士兵。

问题：

1. 该士兵岗位的工作分析中存在什么问题？

2. 管理中应如何避免出现类似的情形？

参考资料 2

华建公司的工作分析

华建公司是一家小型房地产开发公司。近年来，随着当地经济的迅速发展，房地产需求强劲，公司飞速发展，规模持续扩大，逐步发展为一家中型房地产公司。随着公司的发展壮大，员工人数大量增加，众多的问题逐渐显露出来。部门之间、职位之间的职责与权限缺乏明确的界定，扯皮推诿的现象不断发生。有的部门抱怨事情太多，人手不够，任务不能按时、按质、按量完成。有的部门又觉得人员冗杂，人浮于事，效率低下。

公司的人员招聘方面，用人部门给出的招聘标准往往比较含糊，招聘主管无法准确地加以理解，使得招来的人大多难以令人满意。同时，目前的许多岗位不能做到人岗匹配，员工的能力不能得到充分发挥，严重挫伤了士气，影响工作效果。公司员工的晋升以前由总经理直接决定。现在公司规模大了，总经理已经几乎没有时间来与基层员工和部门主管打交道了，基层员工和部门主管的晋升只能根据部门经理的意见来决定。在晋升中，上级与下属的私人感情成为决定性的因素，有才干的人往往并不能得到提升。因此，许多优秀员工因为看不到自己未来的前途而另谋高就。在激励机制方面，公司缺乏科学的绩效考核和薪酬制度，考核中的主观性和随意性非常严重，员工的报酬不能体现其价值与能力，人力资源部经常可以听到大家对于报酬的抱怨和不满，这也是人才流失的重要原因。

面对这样严峻的形势，人力资源部开始着手进行人力资源治理的变革，变革首先从进行工作分析、确定岗位价值开始。工作分析、岗位评价究竟如何开展，如何抓住工作分析、岗位评价过程中的重点成为公司面临的重要课题。

1. 问卷调查

公司人力资源部开始寻找进行工作分析的工具和技术。在阅读国内目前流行的有关基本工作分析的书籍之后，人力资源部从中选取了一份工作分析问卷作为收集职位信息的工具。然后，人力资源部将问卷发放到了各个部门经理手中，同时人力资源部还在公司的内部网上也发了一份关于开展问卷调查的通知，要求各部门配合人力资源部的问卷调查。

据反映，问卷在下发到各部门后一直搁置在各部门经理手中，而没有下发下去。很多部门是直到人力资源部开始催收时才把问卷发放到每个人手中。同时，由于大家都很忙，很多人在拿到问卷之后，都没有时间仔细思考，草草填完了事。还有很多人在外地出差或有任务缠身，自己无法填写而由同事代笔。此外，据一些较为重视这次调查的员工反映，大家都不了解这次问卷调查的意图，也不理解问卷中那些生僻的专业术语，比如何为职责？何为工作目的？很多人就疑难问题向人力资源部进行询问，可是也不知道具体该找谁。因此，员工在填写问卷时只能凭借自己个人的理解来填写，无法把握填写的规范和标准。

一个星期后，人力资源部收回了问卷。但人力资源部发现，问卷填写的效果不太理想，有一部分问卷填写不全，有一部分问卷答非所问，还有一部分问卷根本没收上来。辛苦调查的结果没有发挥应有的作用。

2. 工作访谈

与此同时，人力资源部也着手选取一些岗位进行访谈。但在尝试着访谈了几个职位之后，人力资源部发现访谈的效果也不好。因为在人力资源部，能够对部门经理访谈的只有人力资源部经理一人，主管和一般员工都无法与其他部门经理进行沟通。同时，由于经理们都很忙，能够把双方凑到一块实在不易。因此，两个星期过去了，人力资源部只访谈了两个部门经理。

在访谈中，出现的情况却出乎意料。大部分时间被受访谈人发牢骚占用了，其指责公司的各种问题，抱怨自己的待遇不公等，而在分析相关的内容时，受访谈人往往又言辞闪烁，顾左右而言他……访谈结束后，访谈人都反映对该职位的熟悉还是停留在模糊的阶段。

这样又持续了两个星期，人力资源部访谈了大概 1/3 的职位。人力资源部经理认为时间不能再拖延下去了，因此决定开始进入下一个阶段——撰写工作说明书。

3. 撰写工作说明书

这时各职位的信息收集还不完全。怎么办呢？人力资源部在无奈之中，不得不另觅他途。于是，人力资源部通过各种途径从其他公司收集了许多工作说明书，试图以此作为参照，结合问卷和访谈收集的一些信息来撰写工作说明书。

在撰写工作说明书阶段，人力资源部还成立了几个小组，每个小组专门负责起草不同部门的工作说明书。人力资源部还要求各组在两个星期内完成任务。

在起草工作说明书的过程中，人力资源部的员工都颇感为难，一方面，大家不了解别的部门的工作，问卷和访谈提供的信息又不准确；另一方面，大家又缺乏写工作说明书的经验。因此，大家写起来都觉得很费劲。规定的时间快到了，很多人为了交稿不得不急急忙忙东拼西凑了一些材料，再结合自己的判断，最后匆匆成稿。

4. 工作说明书应用

工作说明书终于出台了，人力资源部将成稿的工作说明书下发到各个部门，同时，还下发了一份文件，要求各部门按照新的工作说明书来界定工作范围，并按照其中规定的任职条件来进行人员的招聘、选拔和任用。但这引起了其他部门的强烈反对，很多一线业务部门的管理人员甚至公开指责人力资源部，说人力资源部的职位说明书是一堆垃圾，完全不符合实际情况。

于是，人力资源部与相关部门召开了一次会议来推动工作说明书的应用。人力资源部经理本来是想通过会议来说服各部门支持这次项目。但结果却恰恰相反，在会上，人力资源部遭到了各部门的一致批评。同时，人力资源部由于对其他部门不了解，对其他部门提出的很多问题无法解释和反驳。因此，会议的结论是让人力资源部重新编写工作说明书。

5. 最终的失败

后来，经过多次重写和修改，工作说明书仍无法令人满意。最后，整个工作分析项目不了了之。人力资源部的员工在经历了这次失败的项目后，对工作分析彻底丧失了信心。他们认为，工作分析只不过是“雾里看花，水中望月”的东西，说起来挺好，实际上没什么大用，而且认为工作分析只能针对西方国家的那些大公司，拿到中国的企业来，根本行不通。原来雄心勃勃的人力资源部经理也对这次失败百思不得其解，变得灰心丧气。

问题：

1. 华建公司工作分析失败的原因是什么？
2. 人力资源部的工作有哪些不足之处？
3. 您认为此次工作分析应该如何改进？

参考资料 3

SM 公司的失败招聘

飞龙公司是一家跨国企业，主要以研制、生产、销售电子产品为主，SM 公司是飞龙公司在中国的子公司，主要生产、销售电子配件。随着生产业务的扩大，为了对生产部门的人力资源进行更为有效的管理和开发，2012 年年初，SM 公司的总经理把生产部门的经理高平和人力资源部门的经理程源叫到办公室，商量在生产部门设立一个处理人事事务的职位，工作主要是生产部与人力资源部的协调工作。最后，总经理说希望通过外部招聘的方式寻找人才。

走出总经理的办公室后，人力资源部经理程源开始了一系列工作。程源在招聘渠道的选择上设计了两个方案：一个方案是在本行业专业媒体中做专业人员招聘，费用为 9 500 元，好处是对口的人才比例会高些，招聘成本低；不足之处是企业宣传力度小。另一个方案为在大众媒体上做招聘，费用为 23 000 元，好处是企业影响力度很大；不足之处是非专业人才的比例很高，前期筛选工作量大，招聘成本高。

总经理看过招聘计划后，认为公司处于初期发展阶段，不应放过任何一个宣传企业的机会，于是选择了第二种方案。

在一周的时间里，人力资源部收到了 800 多份简历。程源和人力资源部的人员在 800 多份简历中筛出 80 封有效简历，经筛选后，留下 5 人。于是他来到生产部门的经理高平的办公室，将这 5 个人的简历交给了高平，并让高平直接约见面试。高平经过筛选后认为可以从冯凯和曾勇两人中做选择。冯凯和曾勇的资料对比如下：

冯凯，男，企业管理学士学位，30 岁，有 7 年一般人事管理及生产经验，在此之前的两份工作均有良好的表现，可录用。

曾勇，男，企业管理学士学位，30 岁，5 年人事管理和生产经验，以前曾在两个单位工作过，第一位主管评价很好，没有第二位主管的评价资料。

从以上的资料可以看出，冯凯和曾勇的基本资料相当。但值得注意的是，曾勇在招聘过程中，没有上一个公司主管的评价。SM 公司通知两人，一周后等待通知。在此期间，冯凯在静候佳音，而曾勇打过几次电话给人力资源部门的经理程源，第一次表示感谢，第二次表示非常想得到这份工作。

生产部门的经理高平在反复考虑后，来到人力资源部经理室，与程源商谈何人可录用。程源说:“两位候选人看来似乎都不错，你认为哪一位更合适?”

高平说:“两位候选人的资格审查都合格了，唯一存在的问题是曾勇的第二家公司主管给的资料太少，但是虽然如此，我也看不出他有何不好的背景，你的意见呢?”

程源说:“很好，高经理，显然你我对曾勇的面试表现都有很好的印象，人嘛，有点圆滑，但我想我会很容易与他共事，相信在以后的工作中不会出现大的问题。”

高平说:“既然他将与你共事，当然由你做出最后的决定。”

于是，SM 公司最后决定录用曾勇。

曾勇来到公司工作了 6 个月。在工作期间，经观察发现曾勇的工作不如期望的好，指定的工作他经常不能按时完成，有时甚至表现出不能胜任其工作的行为，引起了管理层的抱怨。显然他与此职位不适合，必须加以处理。

然而，曾勇也很委屈，在来公司工作了一段时间后发现，招聘所描述的公司环境和各方面情况与实际情况并不一样。原来谈好的薪酬待遇在进入公司后又有所减少。工作的性质和面试时所描述的也有所不同，没有正规的工作说明书作为岗位工作的基础依据。

问题:

1. SM 公司的招聘存在哪些问题?
2. 生产部门人力资源主管的招聘广告应如何撰写?
3. 生产部门人力资源主管的工作说明书编制流程有哪些?

第二章　制订绩效计划

实训目标

1. 学习和了解目标设计的原则，学会进行目标分解和目标管理；

2. 了解并掌握绩效计划制订的流程；

3. 完成组织、部门、团队或个人绩效计划书的编写；

4. 通过小组作业展示和交流，提升沟通表达能力、团队合作能力、解决实际问题的能力。

知识储备

一、绩效计划中的目标设定

美国马里兰大学教授洛克（Locke）在研究中发现，外来的刺激，如奖励、工作反馈、监督的压力，都是通过目标来影响动机的。目标能引导活动执行与目标有关的行为，使人们根据难度的大小来调整努力的程度，并影响行为的持久性。1967 年，洛克最先提出了目标设置理论，认为目标本身就具有激励作用，目标能把人的需要转变为动机，使人们的行为朝着一定的方向努力，并将自己的行为结果与既定的目标相对照，及时进行调整和修正，从而能实现目标。这种使需要转化为动机，再由动机支配行动以达成目标的过程就是目标激励。

工作目标的设定是一个自下而上的目标确定过程，通过这一过程将个人目标、部门或团队目标与组织目标结合起来。目标设计也是一个员工全面参与管理、明确自己的职责和任务的过程，是绩效管理的一个至关重要的环节。员工只有知道了组织或部门对自己的期望是什么，才有可能通过自己的努力达到期望的结果。目标设定应注意以下几个方面：

（1）个人目标应与部门或团队目标保持一致。个人目标的设计应体现为一个从组织目标到部门或团队目标再到个人目标的目标逐步分解的过程，个人目标是部门目标、组织目标的细化，个人目标的实现应能促进部门或组织目标的实现。个人目标的确定应考虑组织的战略目标、自己所在岗位的主要职责以及内部和外部客户的需求。

（2）工作目标的设计是员工与部门主管共同的任务，员工应自主设计自己的目标并与部门主管达成一致。员工参与绩效目标的讨论和制定，能够提高其对目标的理解和清晰度的提升。通过计划制订过程的深度参与能够提高目标的认同程度，提高员工对目标的承诺。

（3）确定的目标的表述应简洁明了，符合 SMART 原则，即明确具体的（specific）、可衡量的（measurable）、可达到的（attainable）、相关的（relevant）、有时限的（time-based）。

（4）应确定主要目标，一般为 5~7 个目标，而且每一个目标都应赋予权重，并按重要程度进行排列，最重要的排在最前面。

（5）目标具有一定的挑战性，即绩效计划对员工的任务要求要高于其实际水平，达成目标时能给员工一种成就感和满足感。

（6）每一个目标都应有可衡量的标准，所确定的标准应尽可能量化，根据可量化的程度选择数量、质量、时间、成本等作为衡量指标。

二、绩效计划的制订流程

绩效计划的制订流程如图 2-1 所示。

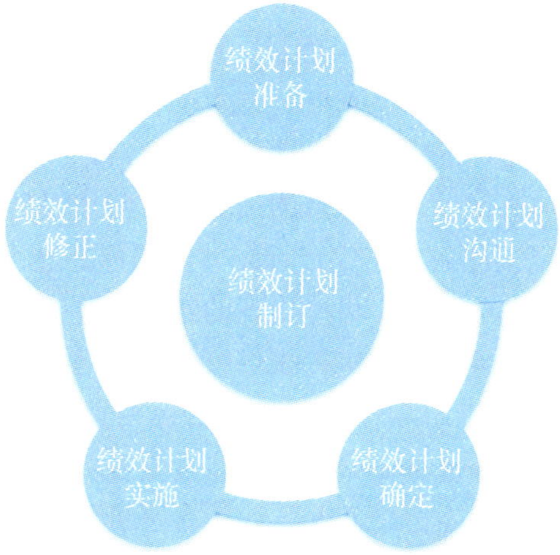

图 2-1 绩效计划的制订流程

1. 绩效计划准备

绩效计划通常是通过管理人员与员工双向沟通的绩效计划会议得到的。为了使绩效计划会议取得预期的效果，事先必须准备好相应的信息。这些信息主要可以分为以下三种类型：

（1）组织的信息。为了使员工的绩效计划能够与组织的目标结合在一起，管理人员与员工将在绩效计划会议中就组织的战略目标、组织的年度经营计划进行沟通，并确保双方对此没有任何歧义。因此，在召开绩效计划会议之前，管理人员和员工都需要重新回顾组织的目标，保证在绩效计划会议之前双方都已经熟悉了企业的目标。

（2）部门的信息。每个部门的目标是根据组织的整体目标逐渐分解而来的。不但经营的指标可以分解到生产、销售等业务部门，而且对于财务部、人力资源部等业务支持性部门，其工作目标也与整个组织的经营目标紧密相连。每个部门在组织的整体经营目标下，确定各自的工作目标。

（3）个人的信息。员工个人的信息中主要包括两方面的信息：一是工作描述的信息，二是上一个绩效期间的评估结果。在员工的工作描述中，通常规定了员工的主要工作职责，以工作职责为出发点设定工作目标可以保证个人的工作目标与职位的要求联系起来。工作描述需要不断修订，组织在设定绩效计划之前，需对工作描述进行回顾，重新思考职位存在的目的，并根据变化了的环境调整工作描述。

2. 绩效计划沟通

绩效计划是双向沟通的过程，绩效计划的沟通阶段也是整个绩效计划的核心阶段。在这个阶段，管理人员与员工必须经过充分交流，对员工在本次绩效期间内的工作目标和计划达成共识。绩效计划会议是绩效计划制订过程中进行沟通的一种普遍方式，但是绩效计划的沟通过程并不是千篇一律的。管理人员与员工在召开绩效计划会议时，要根据公司和员工的具体情况进行调整，要把重点放在沟通上面。

（1）每个目标应尽可能具体，并同工作或结果联系起来，明确规定出结果的时限和资源使用的限制，使每个目标简短、明确和直接。

（2）绩效标准应该具体、客观、方便度量，在员工通过努力后可以达到。绩效标准通常回答这样一些问题，如什么时候、怎么样、有多少失误、让谁满意等。绩效标准要保持目标的灵活性。在不了解计划中的任务的具体要求时，目标要先尽量制定得灵活些，然后在工作中按目标指引的方向去做，随着了解的加深再不断加以精确化。

（3）绩效计划的制订需要了解员工完成计划和达到标准过程中可能遇到的困难、障碍和问题，应尽可能防止计划执行过程中可能出现的各种问题，而不是等问题出现后再来解决。因此，管理人员应对员工遇到的困难提供尽可能的帮助。

（4）绩效计划的制订要明确每项任务或计划目标的重要性级别，比如可以分为必须级、重要级和一般级。管理人员和员工必须就哪些计划目标重要和哪些次要的问题达成一致，这样员工就可以根据情况自主分配时间，而不必事事请示上级。

（5）员工需要知道何时可以自己做决定，何时必须请示上级。对于每一个绩效目标，管理人员与员工都需要讨论清楚员工拥有的决策权，如完全授权、先执行后报告或请示等。当然，管理人员在决定授权水平的时候，需要参考员工的能力和过去的表现，要明确决策问题的重要性和性质等。同样，关于授权问题，管理人员与员工双方也必须有共同的理解。

3. 绩效计划确定

确定绩效计划时，管理人员和员工应该能以同样的答案来回答下列问题，以确认双方达成了共识。

（1）员工在本绩效期内的工作职责是什么？

（2）员工在本绩效期内所要完成的工作目标是什么？

（3）如何判断员工的工作目标完成得怎么样？

（4）员工应该在什么时候完成这些工作目标？

（5）各项工作职责以及工作目标的权重如何？

（6）哪些是最重要的，哪些是其次重要的，哪些是次要的？

（7）员工的工作绩效好坏对整个企业或特定的部门有什么影响？

（8）员工在完成工作时可以拥有哪些权力？可以得到哪些资源？

（9）员工在达到目标的过程中会遇到哪些困难和障碍？

（10）管理人员会为员工提供哪些支持和帮助？

（11）员工在绩效期内会得到哪些培训？

（12）员工在完成工作的过程中，如何去获得有关他们工作情况的信息？

（13）在绩效期间内，管理人员将如何与员工进行沟通？

最终，形成一个经过双方协商讨论的文档，该文档中包括员工的工作目标、实现工作目标的主要工作结果、衡量工作结果的指标和标准、各项工作所占的权重等。管理人员与员工双方要在该文档上签字确认。

4. 绩效计划实施

绩效计划实施的过程直接决定着绩效管理的成功与否。这个阶段不仅要求员工按既定的计划实施，同时管理部门也要参与进来，了解员工在工作中遇到的困难，对员工进行必要的绩效辅导，帮助员工解决问题。此时，管理人员要深入一线，了解员工的工作进展情况，及时协调和解决员工在工作中遇到的各种问题，对员工改进工作效率和提高质量进行培训与指导，避免问题继续严重。管理人员在迅速解决问题的同时，了解员工在平时工作中的表现，还有利于获得对员工绩效更为全面的认识，从而做出更加客观的评价。此外，管理人员可以适时对绩效计划进行动态调整，使之适应环境的变化。

5. 绩效计划修正

由于绩效计划制订、沟通、实施的过程中存在不足以及外部环境时刻都在发生变化，因此绩效计划也要根据环境的变化进行必要的修正。成功的组织必须敏锐地察觉到环境的变化和自身的不足，并相应地调整自己的计划，获得长远的发展。绩效计划修正绝不是简单的修修补补，而应该从战略的高度进行调整，涉及组织的方方面面，需要参与计划制订、实施的各个部门的管理人员和员工坦诚相见，总结过去工作中的得与失，重新给组织确立合理的目标，为组织合理配置资源提供指导。在绩效计划修正的过程中，管理人员还要深入员工中间，认真听取员工的意见和建议，对其中合理的方面要积极加以采纳，为制订更加有效的绩效计划提供重要依据。

三、目标管理存在的问题与注意事项

（一）目标管理存在的问题

目标管理在管理中应用得非常普遍，然而目标管理在实际运用中的失败率很高。目标管理是有适用范围和适用条件的，企业目标管理实施中可能会出现以下方面的问题：

1. 目标方面的问题

（1）目标认识模糊。企业目标是企业成员共同商讨制定出来的结果，企业高层根据企业的使命和战略制定大目标，中层管理者根据高层的大目标逐层分解和量化，最后落实为员工的个人目标。在此过程中，各层级人员要进行充分的目标沟通，通过相互协商来进一步认识组织目标、部门目标以及个人目标。在实践中，目标并非都是通过参与协商共同制定出来的，很多情况下，企业管理层单独制定目标内容，因此容易造成广大员工对目标的认识模糊。

（2）目标的量化分解困难。并非所有目标都可以用数字进行具体细化、量化说明，如客户满意度和服务态度等行为方面的目标就不能通过简单的数字来进行描述或评价，销售人员与客户交谈的次数也不能决定其服务质量。同样的道理，教师的课时量也不能直接决定其教学质量。在上述情况下，假如仅采用数字作为衡量员工绩效的准绳，则容易鼓励投机取巧，助长不正当行为的出现和不良风气的产生，严重阻碍服务和产品质量的提升，损害企业形象。

（3）团队目标的不可分解性。有些组织是以团队工作为主的，而团队工作在技术上的不可分割性决定了团队成员之间的工作是相互依赖、相互影响的。在这种情况下，假如盲目分解团队目标，如把团队目标量化成一连串的数字目标再下达给成员，则可能破坏成员之间原有的合作精神和融洽氛围。

(4) 目标与资源分配的问题。一个企业的资源是有限的，奖励、晋升的机会只属于少数出色完成目标的员工。目标对于企业员工来说不仅仅是责任和绩效，同时也代表了未来的个人收益。在这种目标与企业员工个人利益紧密相连的奖励机制下，假如企业缺乏监管和正确的考核机制，则容易助长功利主义和本位主义思想蔓延。

(5) 目标近视症。目标是有层次和次序的，需要逐步实现。企业如果在执行目标的过程中，过多地把精力和资源集中在实现眼前的短期目标上，则容易陷入目标近视症。一方面，企业成员为了完成个人任务或逃避惩罚，会千方百计实现个人的短期目标，甚至不惜误导、欺骗客户；另一方面，由于不舍得放弃眼前的丰厚利润，企业自身也宁愿选择沉醉和满足于原地踏步的状态，不愿意调整战略步伐，甚至对外界已经发生变化的环境因素视而不见，由此导致投诉率上升、产品质量下降、客户流失等一系列问题。

2. 企业方面的问题

首先，官僚式组织结构是目标管理的阻力，层层下达或层层汇报的权力集中化管理模式严重削弱了企业的应变能力，违背了目标管理中的授权原则。其次，企业相关机制的不健全也会带来很多问题。例如，考评奖惩机制的不到位导致考核流于形式，信息沟通机制的缺乏耽误企业的最佳决策时机。最后，参与管理模式自身也是一种阻力，因为在很多企业的决策中，基层员工与高层管理者难免存在意见分歧，管理者提出的决策更多时候倾向于企业的整体效益，而员工由于缺乏战略目光和洞察力，提出的建议则更倾向于个人利益。在这种情况下，如果管理者没有采纳员工的建议，则会直接影响员工的工作积极性，员工也会因为建议未被采纳而对组织失去信心。同时，参与互动还会延长企业的决策过程，增加行政开支，降低企业的决策效率。

3. 人力资源素质方面的问题

第一，目标管理的最佳对象是有责任心的工人。德鲁克指的是那些愿意对工作承担责任，并从完成具有挑战性的业绩目标获得成就感和满足感的工人。但是，马斯洛就通过长期实验证明了并非每个人都是有责任心的工人。第二，管理者和目标执行者的素质低下也会带来问题。因为目标管理需要知识与技能，需要自我管理和自我约束的能力，所以目标管理作用在知识型员工上，就能发挥出色的功效。知识型员工拥有知识与技能，能从事复杂的工作，能理解企业的使命和目标。

（二）目标管理注意事项

企业目标管理实施中应注意以下事项：

1. 遵循目标设置原则

第一，目标要有主次之分。组织的战略目标是大目标，是被分解对象，而部门目标和员工个人目标是大目标层层分解、量化、落实的结果。大目标、部门目标、员工个人目标构成了一个有主次、有导向的目标体系。第二，目标要有动态性。随着社会环境日新月异，企业受到的干扰会越来越大，如产品的频繁变化更新、技术的竞争等，原本的目标可能会逐渐不适应外部环境的变化，这就要求企业管理者及时修正目标，使目标更适应环境变化。

2. 强化行为监管机制

一是建立监管机制，目的在于主动掌握员工的工作动态，控制目标执行过程中的各个变量，并及时指导和帮助员工。管理者可以通过信息平台、会议、书面报告等方法来定期检查目标完成的进展情况，深入了解下属员工在执行目标的过程中遇到的问题或障碍，及时提供帮助，纠正存在的偏差行为。二是坚持与员工进行目标沟通，提供员工在进行自我管理时所需的信息。管理者可以通过正式或非正式的沟通方式了解下属、激励下属、传达信息。

3. 加强目标考核工作

组织既可以通过考核实现生产经营目的，也可以通过考核发现问题、解决问题，考核对于组织来说是保证目标达成的一种必要管理手段。在企业目标考评工作中，管理者要注意两个问题：一是管理者要根据员工的工作内容、要求以及目标任务来确定考核指标，在考核指标中应注重定量指标与定性指标相结合，坚持以量化指标为主、定性指标为辅的考评原则。二是管理者要遵循目标考核的基本流程，包括个人目标制定、定量与定性的综合评价、加权统计评分、考核结果反馈、考核结果运用等主要环节。

4. 明确权、责、利的分配

构建利益机制首先要明确权、责、利所占的比重，如组织成员的能力和需求在利益总体中所占的比例，它们是组织在运营过程中产生的工作任务、风险和利润。管理者要把权、责、利有机地结合起来，才能真正改善责任分工及权益分配等问题。“责”是指在合理分工基础上确定的职位与承担的工作任务，可以通过编写具体的岗位职责说明书来落实；“权”是指权力或职权，权力越大，责任就越大；“利”是指利益和利润（效益），即个体员工的利益以及企业的整体利润或效益。利益分配通常体现在考核方面，即通过考核结果来兑现员工工资和奖金待遇，从而激发员工的积极性和动力，使其为组织绩效做出更多贡献。

5. 做好反馈工作和运用考核结果

反馈是进步的前提。管理者应认真总结、分析考核结果，及时进行反馈，使得被反馈者可以根据实际情况迅速调整未来动向。管理者还要充分运用考核结果，常见的做法是把考核结果与奖励挂钩。除此之外，管理者可以把考核结果运用到人力资源规划、培训需求分析、职业生涯规划和工作分析等领域上，使得员工在考核中进步，同时也使得整个人力资源管理系统更具科学性、更完善。

实训项目一　部门目标分解

实训目的

1. 通过调研，了解组织目标，掌握部门目标分解的步骤和流程。
2. 学会使用 office 或其他绘图软件，掌握图表的绘制。

实训内容

1. 以小组为单位，任选一个组织（营利性组织和非营利性组织均可）为研究对象，小组成员曾经在该组织实习或工作过，或者正在该组织实习或工作最佳。若无，推荐选择亲朋好友工作的组织，以便于进行调查。
2. 小组成员每人选取该组织的一个部门作为研究对象。
3. 完成实训报告，并以 PPT 形式在课堂进行交流汇报。
4. 由学生和教师进行提问，进行成绩评定。教师和学生代表的评分各占总分的 50%。

评分要点

1. 目标分解的过程完整，目标分解图表制作规范。
2. PPT 制作精美，现场展示流畅，小组成员配合得当。
3. 能准确回答教师和学生提出的问题。

实训报告

参考资料 1

质量目标分解表

	质量目标	计算办法
公司	产品客户验收合格率 100%	产品验收合格数/验收总数
	订单按期交付率 95%	按期交付订单数/订单总数
	顾客满意度 85 分以上	顾客平均满意度
质量部	入库成品合格率 100%	入库成品合格数/入库总数
	不合格品处理率 100%	不合格品处理数/不合格品总数
生产部	生产计划准时完成率 95%	按计划完成数/计划总数
	产品客户验收合格率 100%	产品验收合格数/验收总数
销售部	订单按期交付率 95%	按期交付订单数/订单总数
	顾客满意度 85 分以上	顾客平均满意度
物流部	材料及时采购率 95%	及时采购批数/采购总批数
	合格供应商评审率 90%	合格供应商评审数/合格供应商总数
行政部	员工能力符合岗位入职要求 100%	用人部门退回新员工数

参考资料 2

人力资源部目标分解表

总目标	具体目标
管理制度建设目标	1. 制定企业人力资源管理各项规章制度，各项制度制定科学、完善
	2. 执行审批后的各项人力资源管理制度，使各项制度得到全面执行
人力资源规划目标	1. 保证满足企业总体人员需求，建立充足的人才储备，确保能满足企业发展对人才需求的数量和质量
	2. 组织实施企业人力资源规划并检查其执行情况，人力资源规划完成率达到 95%以上
招聘管理目标	1. 负责指导企业各部门制订人力资源需求计划，掌握和控制企业的人员编制总量，组织制订定员定编方案，人员需求计划表编制及时、准确、完整
	2. 负责制订人员招聘计划，并负责内外部招聘方案的制订和实施，招聘计划完成率达到 100%，招聘费用控制在预算范围内
	3. 组织做好员工的调动、晋级、辞退等工作事宜，各项工作全面完成，无差错
培训管理目标	1. 负责人才的开发、引进和培训，建立分层次的培训管理体系，培训管理体系的领导满意度评分在 95 分以上
	2. 制订企业培训计划并组织实施，培训计划完成率达到 100%
	3. 对培训实施情况进行评估，领导对培训效果满意度评分达到 95 分以上
绩效管理目标	1. 根据企业发展目标和计划，与其他部门共同制订绩效考核计划和设置考核指标体系，考核计划制订及时、内容全面，考核指标设置科学、合理、可量化
	2. 编制绩效考核表及时，重要内容无缺失
	3. 根据考核计划、工作说明书对企业各部门、员工实施绩效考核，绩效考核按时完成率达到 100%
	4. 汇总各项考核信息，编写考核分析报告，考核分析报告及时完成率达到 100%，领导满意度评分在 95 分以上
薪酬管理目标	1. 负责调查当地整体薪酬水平与同行业市场平均薪酬水平，并及时提交薪酬调查报告，薪酬调查报告提交及时率达到 100%，调查报告内容全面、准确，为企业制定合理的薪酬制度提供有效参考
	2. 制定具有竞争力和公平性的薪酬管理体系并贯彻实施，薪酬管理体系全面、合理
	3. 组织编制员工工资表，以保证按时发放，员工工资发放及时率达到 100%，工资发放无差错
	4. 负责为企业员工办理各项保险、福利相关事宜，符合国家及企业的相关规定
	5. 定期对实际发生的人力资源成本进行分析，供领导决策，领导满意度评分在 95 分以上
劳动关系管理目标	1. 受理员工投诉和劳动争议事宜并及时处理，投诉解决率达到 100%
	2. 组织各项活动，丰富员工生活，创造融洽的工作关系与良好的工作氛围，员工满意度评分在 95 分以上
部门管理目标	1. 控制部门管理费用支出，管理费用支出控制在预算内
	2. 监督部门人员的绩效考核过程，被考核者满意度评分在 80 分以上
	3. 部门员工的绩效考核情况，部门员工绩效考核综合得分平均分在 90 分以上

参考资料 3

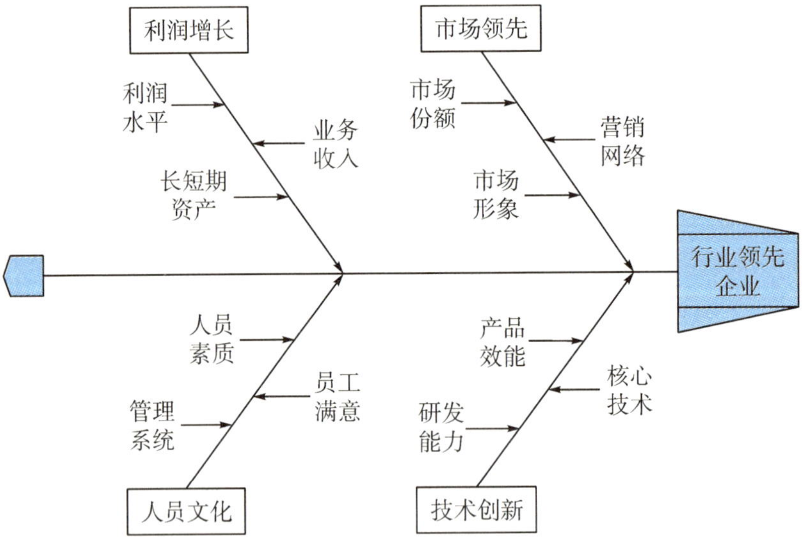

战略目标分解鱼骨图

①战略目标分解鱼骨图的绘制首先要确定一个总体的战略目标，绘制成鱼头，比如如图所示的“行业领先企业”就是一个大的目标；然后在鱼头后面用一根主骨连接起来。

②战略目标分解鱼骨图的绘制要写出企业战略目标的主要影响因素，绘制成大骨。一般战略目标分解鱼骨图有 4~6 个大因素，大骨与主骨成夹角绘制。

③战略目标分解鱼骨图绘制完成之后要绘制中骨。中骨一般与主骨平行，主要在大骨后面，填写的是更加具体的方案或因素，通常细化成可执行的目标。战略目标分解鱼骨图绘制的最后要把鱼尾补上，一张鱼骨图便绘制完成了。

实训项目二　目标管理实践

实训目的

1. 掌握目标管理的操作流程。
2. 完成部门或个人的目标管理责任书编制。
3. 学会使用 office 或其他绘图软件，掌握图表的绘制。

实训内容

1. 以小组为单位，任选一个组织（营利性组织和非营利性组织均可）为研究对象，小组成员曾经在该组织实习或工作过，或者正在该组织实习或工作最佳。若无，推荐选择亲朋好友工作的组织，以便于进行调查。

2. 小组成员每人选取该组织的一个部门作为研究对象。

3. 完成实训报告，并以 PPT 形式在课堂进行交流汇报。
4. 由学生和教师进行提问，进行成绩评定。教师和学生代表的评分各占总分的 50%。

评分要点

1. 目标管理的过程完整，目标管理责任书制作规范。
2. PPT 制作精美，现场展示流畅，小组成员配合得当。
3. 能准确回答教师和学生提出的问题。

实训报告

参考资料 1

销售目标分解表

部门年度目标月度分解表												
季度	第一季度			第二季度			第三季度			第四季度		
月	1	2	3	4	5	6	7	8	9	10	11	12
回款（万元）	20	20	40	40	60	80	100	100	100	140	140	180
毛利（万元）	5	5	10	10	15	20	25	25	25	35	35	45
拜访量（次）	30	30	30	30	30	30	25	25	25	20	20	20
新客户拓展（个）	30	30	30	30	30	30	30	30	30	30	30	30
意向客户促成（个）	5	5	8	8	8	10	10	10	10	10	10	10
合作客户维护（个）	2	3	4	6	10	14	16	16	18	18	20	20
毛利（25%）季度合计	20			45			75			115		
毛利（25%）年度合计	255											

销售人员工作目标分解表														
销售员			毛利（万元）				新客户（个）				客户数（个）			
月份		1	2	3	4	5	6	7	8	9	10	11	12	合计
回款（万元）	计划													
	达成													
毛利（万元）	计划													
	达成													
拜访量（次）	计划													
	达成													
新客户（个）	计划													
	达成													
意向客户（个）	计划													
	达成													
合作客户（个）	计划													
	达成													

参考资料 2

科研院所中层管理人员目标管理

序号	指标	目标	计分
1	科研收入	400 万元	基本分 15 分；超过目标值时，每超过 10%，加 2 分；低于目标值时，每低于 10%，扣 2 分
2	利润	60 万元	基本分 15 分；超过目标值时，每超过 10%，加 2 分；低于目标值时，每低于 10%，扣 2 分
3	售后服务	加强与企业的联系，确保项目实施效果	基本分 5 分，视完成情况加减分，最多加 2 分，最多扣 2 分
4	科研立项	省部级科技计划项目立项 2 项以上	基本分 10 分；超过目标值，每项加 5 分；低于目标值，每项减 5 分
5	专利成果	申请专利 1 项以上或成果鉴定 1 项以上	基本分 10 分，视完成情况加减分，最多加 5 分，最多扣 5 分
6	发表论文	中级以上职称人员发表学术论文 10 篇以上，其中核心期刊以上发表 5 篇	基本分 10 分，视完成情况加减分，最多加 5 分，最多扣 5 分
7	成果转化	科研成果转化应用	基本分 10 分，视完成情况加减分，最多加 5 分，最多扣 5 分
8	实验室建设	加快实验室建设	基本分 5 分，视完成情况加减分，最多加 2 分，最多扣 2 分
9	人才队伍建设	年内招聘和引进技术人员 1 名，培养中级职称以上人员 1 名	基本分 5 分，视完成情况加减分，最多加 2 分，最多扣 2 分
10	平台建设	完成科研平台申报工作	基本分 10 分，视完成情况加减分，最多加 5 分，最多扣 5 分
11	质量评价	研究工作质量达到合同要求	基本分 5 分，视完成情况加减分，最多加 2 分，最多扣 2 分

参考资料 3

安全生产目标责任书

甲方：

乙方：

为了深入贯彻“安全第一，预防为主，综合治理”的安全生产方针，全面落实安全生产责任制，强化企业员工的安全责任意识，确保安全生产，促进企业发展。根据《中华人民共和国安全生产法》及有关安全生产管理规定，特签订××年度安全生产目标责任书。

（一）安全目标

全年不发生自身工伤或重伤事故，确保自身安全。全年不发生大、小违规或违章责任事故。确保本岗位不发生火灾、爆炸事故。

（二）工作任务

1. 认真学习和严格遵守各项规章制度，不违反劳动纪律，不违章作业，按时参加班组安全活动，对本岗位的安全生产负直接责任。

2. 做好全公司水管、汽管、设备机械的巡检工作和记录。

3. 负责全公司机械设备、汽路、水管的安装、维修、保养修理工作，做到安全可靠、准确及时、标准规范，发现故障及时排队。

4. 负责多余、新旧机械材料的回收、处理、修复、再利用工作，做到先修理后报废，先用旧后换新，节约维修开支。

5. 对发现的跑、冒、滴、漏现象及时处理，并做了记录及上报工作。

6. 参加安全活动、学习安全技术知识，严格遵守各项安全生产规章制度，正确使用、妥善保管各种劳动防护用品、器具和防护器材、消防器材，不违章作业，并劝阻或制止他人违章作业，对违章指挥有权拒绝执行，同时向上级主管报告。

7. 做到环境整洁、规范，工具和零配件摆放有序，对机械修理时换下的废物进行分别处理。

（三）奖惩规定

安全目标没有完成、工作目标没有落实到位的，甲方按规定给予乙方处罚；完成安全目标和落实工作目标的，甲方按规定给予乙方奖励。

本责任书经甲、乙双方签字生效，责任书一式二份，甲、乙双方各存一份，其中甲方一份留存公司备案。

甲方：　　　　　　　　　　　　　　乙方：

年　月　日　　　　　　　　　　　　年　月　日

实训项目三　绩效计划编制

实训目的

1. 掌握绩效计划编制的内容。
2. 完成部门或个人的绩效计划编写。
3. 学会使用 office 或其他绘图软件，掌握图表的绘制。

实训内容

1. 以小组为单位，任选一个组织（营利性组织和非营利性组织均可）为研究对象，小组成员曾经在该组织实习或工作过，或者正在该组织实习或工作最佳。若无，推荐选择亲朋好友工作的组织，以便于进行调查。

2. 小组成员每人选取该组织的一个部门或员工作为研究对象。

3. 完成实训报告，并以 PPT 形式在课堂进行交流汇报。

4. 由学生和教师进行提问，进行成绩评定。教师和学生代表的评分各占总分的 50%。

评分要点

1. 绩效计划书的内容完整，绩效计划书制作规范。
2. PPT 制作精美，现场展示流畅，小组成员配合得当。
3. 能准确回答教师和学生提出的问题。

实训报告

参考资料 1

客服部经理年度绩效计划

职位：　　　　　　　　所属部门：

直接上级：　　　　　　绩效期间：

1. 公司目标

2. 部门目标

3. 个人目标

指标	目标	权重(%)	结果
客户满意度	达到 90%以上	30	完成目标得 30 分；未完成目标，每低于 5%扣 5 分；超额完成目标，每超过 3%，加 3 分
客户投诉数量	每月 3 次以下	20	—
客户投诉处理	及时	10	—
新增客户率	达到 30%以上	5	—
客户离开率	达到 5%以下	5	—
客户信息收集	每月至少 1 次	10	—
指导下属	每月至少 1 次	20	—

4. 绩效计划实施和改进

员工签名：　　　　　　　　　　直接上级签名：

年　月　日　　　　　　　　　　年　月　日

参考资料 2

公司预算绩效管理工作计划

根据预算绩效管理工作的要求，围绕公司××年改革发展重点工作，为进一步加强全过程预算绩效管理，完善公司预算绩效管理机制，提出下列预算绩效管理工作计划。

一、确保绩效目标全覆盖，提高绩效目标编报质量

1. 确保绩效目标全覆盖

按照相关部门要求，结合公司实际，各项目责任部门在申报编制××年度项目预算时，所有项目支出均需编报绩效目标，实现项目支出绩效目标全覆盖。

2. 提高绩效目标编报质量

强化绩效目标与预算安排的匹配性，绩效目标编报不符合要求的，不能进入下一步预算编审流程，进一步发挥绩效目标对提升绩效管理效果的基础和源头作用。在编制××年度项目预算时，各项目责任部门要根据公司发展规划和预算绩效管理工作要求，科学合理地编报项目支出绩效目标。一是申报的绩效目标要符合规定的格式要求，相关内容要完整；二是绩效目标设定符合支出特点，绩效目标描述清晰明确；三是绩效目标设定符合基本要求，目标值量化并有明确标准。

二、深入推进绩效自评工作，切实提升绩效自评质量

1. 开展绩效跟踪评价

各项目责任部门要提高绩效自行跟踪责任意识，并针对项目实施和资金使用的特点，进一步优化绩效跟踪的方式和流程，提高绩效跟踪的效率。各项目责任部门要把绩效跟踪与加强当年预算执行、优化项目管理、实施预算调整结合起来。对绩效跟踪发现的问题，各项目责任部门要及时（跟踪报告完成后 1 个月内）实施纠偏。

2. 开展绩效后评价

为进一步提高绩效评价的时效性，原则上，公司应在当年度 6 月底完成重点支出项目的绩效评价，为评价结果应用创造条件。绩效评价报告基本格式要规范，各项内容要完整；绩效评价报告结论要客观、合理；绩效评价报告中对存在问题的分析要全面深入，提出的改进意见和建议要针对性强且具有操作性。

3. 委托第三方评价机构开展绩效自评价工作

绩效评价在实施过程中，各项目责任部门按照有关规定选择第三方参与预算绩效管理工作，可以强化现有评价制度执行，细化评价要求，优化评价流程，规范评价要素，保障评价质量。

三、加强评价结果反馈和应用，逐步推进绩效信息公开

1. 加强评价结果反馈和应用

一是将绩效评价结果反馈给各项目责任部门，各项目责任部门根据评价结果完善项目管理制度，改进管理措施，提升管理水平，增强项目支出责任，提高财政性资金使用效益。二是将绩效评价结果向公司主要领导报告，为公司重大决策和优化资源配置等提供依据。

2. 逐步推进绩效信息公开

一是公司在预算公开时，将公开公司绩效目标管理工作开展情况（包括涉及的项目个数、预算金额等）；同时，选择 3 个重点项目的绩效目标进行公开。二是公司在决算公开时，至少选择 1 个反映公司履职特点、涉及重要民生和重大项目的项目绩效评价结果在内部进行公开，并逐步推进对外试点公开。

四、切实做好预算绩效管理各项基础工作

1. 加强组织领导

公司要切实加强对预算绩效管理的领导，健全组织，充实人员，统筹规划，合理安排，理顺工作机制，制定具体措施。财务部门是预算绩效管理牵头部门，各项目责任部门均承担预算绩效管理职责。

2. 加强制度建设

财务部门牵头，各项目责任部门参与，抓紧研究制定预算绩效管理规章制度，完善预算支出绩效评价办法，健全预算绩效评价指标体系，建立绩效评价结果反馈制度。

3. 加强宣传培训

公司要充分利用各种形式，积极宣传预算绩效管理理念，培育绩效管理文化，增强预算绩效意识，为预算绩效管理创造良好的舆论氛围。公司要积极参加和组织预算绩效管理专业知识培训，提高相关工作人员的预算绩效管理意识和水平；要按照绩效管理工作特点，加大对各项目责任部门人员的绩效管理业务培训，着力推动部门业务管理和预算管理的融合，促进公司绩效管理基础的进一步夯实。

4. 制订各项目责任部门预算绩效评价工作计划

各项目责任部门要按照公司预算绩效管理工作要求，结合本部门项目支出实际，实施各项目绩效工作计划，逐步建立和完善各项目绩效管理机制，形成科学、合理、可操作的评价体系。

5. 探索绩效管理工作考核制度

公司试行采用预算绩效管理年终考核等方式，加强对各项目责任部门预算绩效管理推进工作情况的监督检查，并将年终考核情况予以通报，逐步推进年终考核与经费投入相衔接。

实训项目四　职场沟通模拟

实训目的

1. 了解绩效计划沟通的过程，培养沟通的基本技能。
2. 提高语言表达能力、沟通能力、团队合作意识。
3. 通过有效沟通完成目标设置、绩效计划制订。

实训内容

1. 以小组为单位，自主选择一种职场沟通形式。
2. 根据设计的故事情节，小组成员每人选择一个角色进行扮演。
3. 以模拟演练的形式在课堂进行交流汇报。
4. 由学生和教师进行提问，进行成绩评定。教师和学生代表的评分各占总分的50%。

评分要点

1. 绩效计划沟通的内容和情节设计完整。
2. 模拟现场演练流畅，小组成员配合得当。
3. 能准确回答教师和学生提出的问题。

实训报告

参考资料 1

你是一个善于倾听的人吗?

(1) 你喜欢听别人说话吗?
①喜欢，我从别人的谈话中可以得到许多信息。
②我不会花太多的时间听人说话，现在很多人说话都是口是心非。
③我不大关心别人说什么。
(2) 为了要完整地弄清事情，你是否会广泛地听取各方意见?
①我可没那么多的耐心。
②我会尽量多听取意见。
③方便的话，我会这样。
(3) 在有人跟你说话时，你会注视着对方吗?
①会的，我会一直给对方以应有的尊重。
②如果对话题不感兴趣，我会不耐烦地东张西望。
③我根本就不知道讲话时该看着对方。
(4) 当别人希望通过谈话来缓解压力时，你会怎么样?
①尽量鼓励他说下去。
②忍不住要抢话题。
③不耐烦地打断他的话。
(5) 无论说话者是不是你喜欢的人，你都会认真地看着对方吗?
①会的，我觉得这是对人基本的尊重。
②对不喜欢、不欣赏的人不会这样，我没有那么好的涵养。
③只能保持一会儿这样的状态。
(6) 当别人的谈话你不爱听时，你会怎么样?
①由他去，不理他。
②听他讲完后再回敬他。
③不耐烦地打断他。
(7) 当你觉得对方说话比较幼稚时，你会怎么样?
①毫不客气地打断他。
②不搭理他。
③告诉他比较成熟的观点。

(8) 当你和比你矮许多的人说话时，你会怎么样?
①尽量蹲下来，和对方平视。
②仍站着和对方居高临下地说话。
③不理睬他，直视前方。
(9) 当对方说讨你喜欢的话时，你会怎么样?
①理所当然地高兴。
②冷静地思考一下此话的真实性。
③觉得他真会哄人。
(10) 说话者的话不论中不中听，你都会分析一下吗?
①能理解就理解，不能理解就算了。
②会的，因为人们经常会说一些言不由衷的话。
③不用，他说他的，我做我的，否则多累。
(11) 别人正在跟你说话时，你突然想起要打一个电话，于是你怎么样?
①告诉对方，你突然有一个很急的电话要打，请他待会儿再说。
②把对方晾在一边，只顾自己打电话。
③打断对方，也不解释什么，拿起电话就打。
(12) 当对方的谈话中有一些是你听不懂的话时，你会怎么样?
①能懂就懂，不懂就算了。
②仔细地询问一下，直到弄明白。
③觉得重要的就问，不重要的就算了。
(13) 当对方说话有些犹豫时，你会怎么样?
①鼓励他别急，耐心地等待他说完。
②不耐烦地打断他。
③尽量忍耐。
(14) 当你有听不明白的话时，你是否会重复说话者说过的话，弄明白了再问问题?
①干脆什么也不问。
②没弄明白就问问题。
③会的，这样不会造成误会。
(15) 当你不是很明白对方的意思时，你会不会把你理解的意思说出来，让他证实?
①多想想就是了。
②按自己的理解方式办事就行。
③一般都会跟对方证实一下。

记分规则如下：

评分规则表

题号	(1)	(2)	(3)	(4)	(5)	(6)	(7)	(8)	(9)	(10)	(11)	(12)	(13)	(14)	(15)	总分
①	3	1	3	3	3	2	1	3	1	2	3	1	2	1	2	
②	2	3	2	2	1	3	2	2	3	3	1	3	3	2	1	
③	1	2	1	1	2	1	3	1	2	1	2	2	1	3	3	
得分																

测试结果：

15~25 分为粗糙型：你是一个不善于倾听的人，这样的你只是活在自我认知中，难以从别人那儿学到新的知识、得到新的信息。

26~35 分为马虎型：你是一个很马虎的听众，或者说是一个不怎么合格的听众。你不会完整地听完别人的叙述，也不会思考别人的谈话，你活在很浅的层次，难以进步。试试尽量把别人的话听完，看看你有什么意外的收获。

36~45 分为倾听型：你是一个优秀的听者，这会帮助你成为一个很了不起的人。一个优秀的听者随时都有学习和修炼的机会。试想一下，不用付学费就能学到很多东西，这种好处哪里还会有。

参考资料 2

管理沟通游戏

1. 游戏目的

（1）学生体验沟通在管理中的作用。

（2）学生了解上下级之间产生矛盾的原因。

（3）学生初步掌握管理沟通的方法。

2. 材料准备

游戏需准备参加游戏学生人数两倍的 A4 纸，每人发放两张。

3. 游戏规则

学生按照教师的指令进行操作。

4. 游戏步骤

（1）学生全体闭眼，不能提问。

（2）学生拿起一张纸，将纸对折。

（3）学生第二次对折。

（4）学生第三次对折。

（5）学生把纸的右上角撕下来。

（6）学生把纸旋转 180 度，再把左上角撕下来。

（7）学生睁开眼睛，把纸打开。

（8）学生向全班展示自己撕的纸，每个人的图案不同。

(9) 学生拿起第二张纸，可以睁开眼睛并且提问。

(10) 教师重复相同的指令，再做一遍上次的游戏。

(11) 每位学生向全班展示自己撕的纸。

5. 讨论分享

(1) 第一次游戏，大家接受的指令是一样的，为什么会产生不同的结果?

(2) 第二次游戏的结果如何? 沟通在游戏中起到了什么作用?

(3) 相同的游戏，为什么两次的结果会有如此大的差异?

(4) 通过这个游戏，你能得到什么样的管理启示?

实训项目五　管理案例分析

实训目的

1. 了解和掌握绩效计划制订的基本内容、主要方法、实施流程。

2. 应用绩效计划制订的相关理论和方法，解决管理中出现的问题，提高人力资源管理绩效。

实训内容

1. 认真阅读和思考相关管理案例。

2. 根据案例提出的问题，提出解决方案。

3. 完成案例分析报告，并以 PPT 形式在课堂进行交流汇报。

4. 由学生和教师进行提问，进行成绩评定。教师和学生代表的评分各占总分的 50%。

评分要点

1. 能够理论结合实际，案例分析报告撰写规范。

2. PPT 制作精美，现场展示流畅，小组成员配合得当。

3. 能准确回答教师和学生提出的问题。

管理案例

参考资料 1

兔经理的困惑

南山住着一群兔子，在兔经理的领导下，过着丰衣足食、其乐融融的生活。可是最近一段时间，兔经理发现兔子采摘回来的食物越来越少了——原来有很多兔子在偷懒。兔经理很生气，它发现偷懒的兔子不仅自己消极怠工，而且还对其他兔子宣扬“干多干少都一样”的负面思想。

兔经理决定奖励那些表现好而且不乱说话的兔子，给它们最爱吃的胡萝卜。一只小灰兔得到了兔经理奖励的第一根胡萝卜，结果引起了兔群的轩然大波。几只老兔子在把小灰兔嘲弄了一番之后，还责问兔经理奖励小灰兔的理由。兔经理说："我认为小灰兔表现优秀，很听话。如果你们积极表现，自然也会得到奖励。"兔经理此话一出，兔子们开始研究获取胡萝卜奖励的秘诀，几乎所有的兔子都认为：只要善于在兔经理面前表现得好一些、多说一些好话，就能得到奖励。于是，日久天长，在兔群中兴起了当面一套、背后一套的变脸式工作作风——"当面是兔子背后是魔鬼"，极尽阿谀奉承之能事，弄虚作假的风气盛行。

兔经理请来了咨询公司，从咨询公司的调研分析报告中知道了兔群的现状，很受不了。为了改变弄虚作假的作风，兔经理废除了按照"听话就是表现好"进行奖励的做法，让咨询公司制定了一套有据可依的激励办法。办法规定：兔子们采集回来的食物必须经过验收考核，按照完成的数量来进行奖励。一时间，兔子们的工作效率为之一变，食物采摘大丰收。

兔经理没有得意多久又犯愁了：兔子们的积极性在盛极一时后很快又变差了。兔经理感到奇怪，调查发现，原来最近一直干旱，南山的食物早已被过度开采得差不多了，兔子要到很远的西山才能采摘到食物，有兔子指责兔经理的政策不考虑爬山的因素、不考虑干旱的因素，激励没有增加，只考核食物采摘量的方法是短期的和片面的。兔经理觉得很有道理，陷入了沉思，难道用咨询公司制订的考核方案也不行吗？有一天，兔经理发现小红兔虽然没能完成月度采摘任务，但小红兔是多次带病去采摘食物的，兔经理对小红兔带病工作的行为大加赞赏，给了小红兔双倍的奖励。

此例一开，兔子们又开始大吵大闹，一到月底考核，说情者有之，抱怨者有之，辞职者有之，弄得兔经理烦躁不安。兔经理想用时间来消化这些矛盾，但随着时间的推移，局面越来越恶化了，如果月底没有高额的奖励，谁都可以抱怨，谁都可以说上自己有多辛苦、干得多好、得到的太少之类的话，甚至谁都可以把咨询公司的考核方案大骂一顿。无奈之下，兔经理宣布："不用考核了，取消咨询公司的考核方案。"这样一来，兔子们很高兴，一些老兔子拍着胸脯向兔经理表示，一定会努力工作，而且会干得比以前更好，并赞扬兔经理是一个善于创新、人性化管理的高手。

一个月后考核时，兔经理发现所有的兔子居然没有一个如期完成任务的——不是有很多兔子向他保证会干得更好吗？兔经理气坏了。兔子们私底下嘲笑他说："这个傻瓜，既然已经提前把奖金发给我们了，还不用考核，谁会费劲爬山头去折腾呢？谁去不是傻瓜吗？"

问题：

1. 兔经理的改革为什么失败？
2. 兔经理应该如何修订绩效计划？
3. 兔经理与兔子之间的沟通存在哪些问题？

参考资料 2

前景公司的绩效计划

胡辉是前景公司人力资源部的绩效专员，按照公司总经理的要求，人力资源部通知胡辉修订部门经理的绩效考核指标，并于 5 月 1 日前将修订后的绩效指标上报至总经理。胡辉把通知发给了各部门经理，可是直至 4 月 29 日，胡辉仍未收到各部门经理的绩效指标修订。经沟通后，各部门经理表明事务繁忙，还没有时间修订绩效指标。

为了能及时完成总经理的任务，胡辉直接将公司绩效指标分解到了各部门经理。目标值在公司目标值基础上修订，胡辉觉得个人目标一定要高于公司目标。于是，他用一天的时间将各部门经理的绩效指标都修订完了。可是一个月后，开始评估月度绩效考评时，各部门经理都来找胡辉，表示绩效指标不合理，很多指标不是自己能控制的，目标也定得不合理。

问题：

1. 前景公司在绩效计划制订中存在什么问题？
2. 目标分解的流程是什么？
3. 胡辉应如何与部门经理进行沟通？

参考资料 3

总经理该怎么办

方圆公司是一家小型公司。创业初期，降低成本、提高销售额成为公司的总目标。由于业务繁忙，公司没有时间制定一套正式的、完整的绩效管理制度，只是由公司总经理方某兼任人力资源总监，采取了一些补救措施。例如，方某会不定期地对工作业绩好的员工提出表扬，并予以物质奖励；对态度不积极的员工提出批评；一旦员工的销售业绩连续下滑，他会找员工谈心，找缺陷、补不足、鼓励员工积极进取。

这几年方圆公司发展非常迅速，已经由最初的十几个人发展到上百人。随着规模的不断扩大，管理人员和销售人员的增加，问题也出现了：员工的流失率一直居高不下，员工的士气也不高。总经理方某对此非常头痛。

问题：

1. 方某有必要制订绩效计划吗？为什么？
2. 方圆公司应如何完善绩效管理？

第三章　设计绩效指标

实训目标

1. 学习和了解绩效指标设计的原则和方法，学会设置不同岗位的绩效指标和组织、部门、团队的绩效考核指标；

2. 了解并掌握绩效指标设计的流程；

3. 完成岗位绩效指标设计；

4. 构建组织、部门、团队的绩效考核指标体系；

5. 通过小组作业展示和交流，提升沟通表达能力、团队合作能力、解决实际问题的能力。

知识储备

一、SWOT 分析法

SWOT 分析法是一种战略分析方法，它可以帮助企业、部门或个人把握与目标相关的外部的环境和内部的资源。其中，S（strengths）代表外部优势，W（weaknesses）代表外部劣势，O（opportunities）代表内部机会，T（threats）代表内部威胁。

外部环境中不利的发展趋势对企业形成了威胁，企业如果不采取果断的战略行为，这种不利趋势将导致企业的竞争地位受到削弱。外部环境机会就是对企业行为富有吸引力的领域，在这一领域中，该企业将拥有竞争优势。机会和威胁来自企业所处的外部政治、经济、社会文化、技术、竞争对手等方面。环境机会是影响企业战略的重大因素，企业应把握好机会，同时识别对企业经营造成威胁的因素，降低企业经营的风险。

企业在进行内部优劣势分析时，应从整个价值链的每个环节上，将企业与竞争对手做详细对比。如果一个企业在某一个方面或几个方面的优势正是该行业企业应具备的关键成功要素，那么该企业的综合竞争优势就更强。内部的优劣势分析一般包括产品质量、成本、生产能力、人均产量、新产品研发能力、专利、技术创新能力等。企业必须充分认识自身的资源和能力，采取适当措施维护自己在某一方面的竞争优势。

影响企业竞争优势的持续时间，主要包括以下三个关键因素：

（1）建立这种优势需要多长时间？

（2）能够获得的优势有多大？

（3）竞争对手做出有力反应需要多长时间？

SWOT 分析有四种不同的战略组合（见图 3-1）。

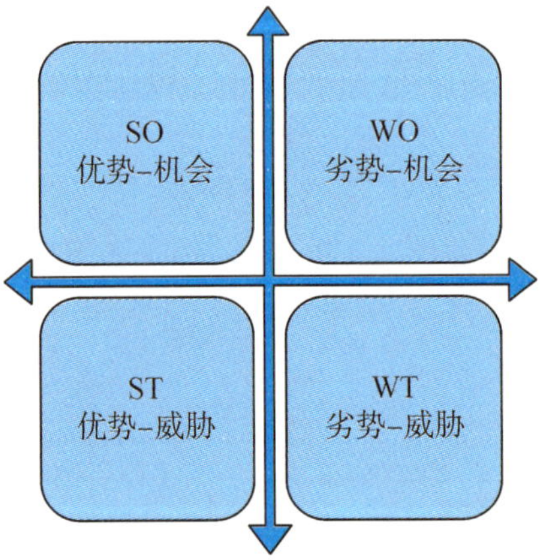

图 3-1 SWOT 分析战略组合

（1）SO（优势–机会）：利用外部机会发展企业内部优势，这是一种理想的战略模式。

（2）WO（劣势–机会）：利用外部机会弥补企业内部劣势，这是使企业改变劣势获取竞争优势的战略模式。

（3）ST（优势–威胁）：利用自身优势，减轻外部威胁造成的影响的一种战略模式。

（4）WT（劣势–威胁）：减少内部劣势，回避外部威胁的一种防御性的战略模式。

二、战略与绩效指标的关系

战略与绩效指标的关系如图 3–2 所示。

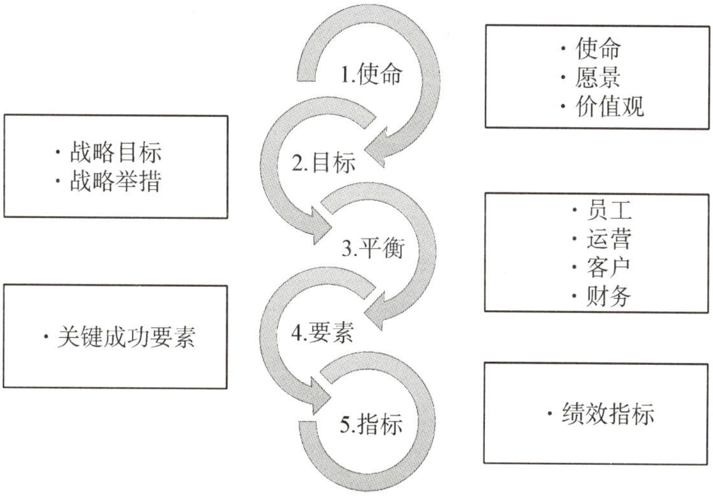

图 3–2 战略与绩效指标的关系

1. 明确使命、愿景、价值观

使命定义了企业的核心目标，应该以顾客为中心，表明了企业存在的原因。愿景是企业在一个特定的时间内实现的目标。愿景详细说明了未来的时间段和企业的未来状况。价值观是企业推崇和坚守的信念。企业必须清晰地表述并向员工传达其使命、愿景、价值观。

2. 制定战略目标

企业制定战略需要回答下列问题：

（1）目前市场是什么情况？

（2）竞争程度如何？

（3）我们做了哪些工作？

（4）即将发生什么情况？

（5）我们可以采取的制胜行动是什么？

企业员工务必理解企业的使命、愿景、价值观、战略目标和举措。

3. 确保战略平衡

根据平衡记分卡，企业从学习与成长、内部运营、客户、财务四个维度确保企业战略的平衡（见图 3–3）。

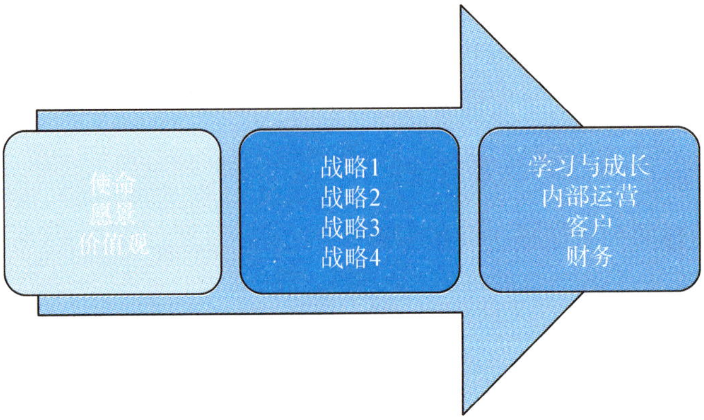

图 3-3　战略平衡

4. 确立关键成功要素

企业为了实现战略目标，需要关注对企业成功起关键作用的因素，包括在关键领域的活动、方法、内容。企业可以运用“二八法则”，找出当前或未来影响企业运营活动的成功要素。企业的关键成功要素要与战略相符合，并且使企业员工了解并随时关注企业的关键成功要素。

5. 确定绩效指标

企业可以建立与企业战略相一致的绩效指标库，从关键成功要素着手，设计绩效考核指标，建立绩效考核指标库。企业需要从众多的绩效考核指标中，筛选出关键绩效指标，数量一般为 10～20 个。关键绩效指标依据学习与成长、内部运营、客户、财务维度来确定。

三、建立绩效指标库

不同岗位、部门、组织的绩效指标存在较大差异，建立绩效指标库有助于绩效指标的选择和确定。财务的绩效考核指标见表 3-1、质量/服务/送货/订单处理/定价的绩效考核指标见表 3-2、库存/库存水平/缺货的绩效考核指标见表 3-3、顾客/客服中心/品牌认知的绩效考核指标见表 3-4、研发/专利的绩效考核指标见表 3-5、创新/员工培训的绩效考核指标见表 3-6。

表 3-1　财务的绩效考核指标

序号	绩效指标	考核频率	适用团队
1	超过 30 天/60 天/90 天的债务人	每周 1 次	会计团队
2	坏账占营业额的百分比	每月 1 次	会计团队
3	日销售的应收款项	每周 1 次	会计团队
4	日购买的应付款项	每季度 1 次	会计团队
5	各主要部门的净盈余/赤字情况	每月 1 次	会计团队
6	负债与产权比率	每月 1 次	会计团队

表3-1(续)

序号	绩效指标	考核频率	适用团队
7	总部的费用/员工（企业全体员工）	每月1次	会计团队
8	资本支出前10名重大项目的状态（已完成，正在进行，落后，有风险）	每月1次	会计团队
9	自由现金流（营运现金流-资本支出）	每月1次	会计团队
10	现金周期——从现金支出到兑现的时间长度	每季度1次	会计团队
11	核心产品的利润率	每季度1次	营销团队
12	可以从库存原材料/组件中取材的产品平均生产天数（仅限重要原材料/组件）	每月1次	会计团队
13	经销商的利润率	每季度1次	营销团队
14	每个员工的经济附加值	每季度1次	会计团队
15	主要业务部门的毛利率	每月1次	会计团队
16	间接费用占销售额的百分比	每月1次	会计团队
17	主要业务部门的净收益	每月1次	会计团队
18	迄今为止已按进度付款的当前项目的数量	每月1次	会计团队
19	新产品或新业务带来的利润	每月1次	营销团队
20	每位员工息税前的收益	每月1次	会计团队
21	已投资资本回报率	每月1次	会计团队
22	资产净值回报率	每月1次	会计团队
23	净资产收益率	每月1次	会计团队
24	收入/总资产（百分比）	每月1次	会计团队
25	各营销团队的销售额	每月1次	营销团队
26	各个市场的销售增长率	每季度1次	营销团队
27	为产品/服务开发新市场进行的投资	每季度1次	营销团队
28	总资产/员工	每月1次	会计团队
29	维护一个客户账户的平均成本	每季度1次	业务运营团队
30	支付账户的供应商数量	每季度1次	财务团队
31	采纳员工建议后节省的成本	每季度1次	会计团队
32	按时付款的百分比（不包括工资）	每月1次	会计团队
33	业务拓展费用/行政管理费用	每月1次	会计团队
34	发票支付延误的账户数量	每月1次	会计团队
35	销售/成本（百分比）	每月1次	营销团队
36	直接、间接劳动的每小时平均人工成本和人工总成本	每月1次	生产团队

表 3-2　质量/服务/送货/订单处理/定价的绩效考核指标

序号	绩效指标	考核频率	适用团队
1	关键产品质量保证出现问题经过的时间	每周 1 次	生产团队
2	产品审核期发现并解决的质量问题的数量	每周 1 次	质保团队
3	质量矫正的成本——返工、拒收、保修、退货及补贴、检查工作、设备、投诉处理成本	每月 1 次	质保团队
4	白天服务热线等待超过××分钟的次数	每天 1 次	销售团队
5	向关键客户送货延迟/送货不足的情况	每天 1 次	生产团队
6	顾客订单全部派送的百分比	每月 1 次	生产团队
7	设备/服务的解约率（服务/设备在合同期内）	每月 1 次	营销团队
8	新产品/服务收入所占的百分比	每季度 1 次	营销团队
9	订单输入错误率	每周 1 次	销售团队
10	关键客户订单按规定派送的百分比	每周 1 次	运营团队
11	补救工作预计完成的日期（仅针对主要项目）	每周 1 次	项目团队
12	市场占有率（特定市场的业务比例）	每季度 1 次	营销团队
13	订单价值（一周订单的总销售价值）	每周 1 次	营销团队
14	因某种原因被取消的订单（类别限于 5 个以内）	每周 1 次	销售团队
15	在安装过程中发现的缺陷产品的数量（送达时已无法使用，包括开始运营 90 天以内发生的情况）	每周 1 次	营销团队 质保团队
16	在顾客首次下单后的更改（可控和不可控）	每月 1 次	销售团队
17	关键客户的发票发生定价误差的数量	每周 1 次	销售团队
18	其他顾客的发票发生定价误差的数量	每月 1 次	销售团队
19	向关键客户报价的及时性和准确性	每周 1 次	销售团队
20	由于生产延误由快递服务公司运输的顾客订单	每月 1 次	所有团队
21	全部派送的顾客订单所占的百分比	每月 1 次	生产团队
22	按时送货的百分比（展示过去 18 个月的进展情况）	每月 1 次	所有团队

表 3-3　库存/库存水平/缺货的绩效考核指标

序号	绩效指标	考核频率	适用团队
1	一周主要库存物品缺货的次数	每周 1 次	生产团队
2	经测试库存记录系统正确记录库存量的百分比	每月 1 次	生产团队
3	目前库存水平满足销售需求的天数——仅限主要库存产品（应用主要库存产品上个季度的平均日销售量）	每月 1 次	生产团队
4	补充生产的产品数量占平均日销售量的百分比	每周 1 次	生产团队
5	过量库存——库存水平超出正常需求（超出××天销售量的库存清单以及上次出货在 1 年前的库存清单）	每季度 1 次	生产团队
6	库存产品超过最大限度或低于最低限度的情况（主要库存产品）	每月 1 次	生产团队

表3-3(续)

序号	绩效指标	考核频率	适用团队
7	下次送货前预测关键产品缺货的情况	每天1次	生产团队
8	任何阶段都没有返工现象，通过所有工序检测的产品数量	每周1次	业务运营团队
9	报名前10位产品的供应量——库存可供销售的数量	每周1次	业务运营团队
10	制造周期的效能——排名前10位的产品线加工/产出的时间	每周1次	业务运营团队

表 3-4　顾客/客服中心/品牌认知的绩效考核指标

序号	绩效指标	考核频率	适用团队
1	实施重要项目时，上一次与关键顾客进行联系的日期（只列出重要项目的情况）	每周1次	项目团队
2	本月与关键客户进行的直接沟通（与关键客户联系的平均次数）	每月1次	营销团队
3	根据最近一次关键客户满意度调查而实施的项目数量	每周1次	营销团队
4	下次为吸引目标潜在客户而实施项目的日期	每季度1次	销售团队
5	关键客户的服务需求超过48小时仍未解决的情况	每天1次	服务团队
6	主要产品线每周向关键客户的销售额（不能超过5条产品线）	每周1次	营销团队
7	下个月计划主动拜访关键客户的次数	每周1次	营销团队
8	产生显著净利润（超过××元）的关键客户数量	每季度1次	销售团队
9	上个月拜访关键客户的次数	每月1次	营销团队
10	关键客户针对合同内容进行变动的数目	每月1次	营销团队
11	关键客户业务的百分比	每季度1次	营销团队
12	关键客户收益率	每季度1次	营销团队
13	等待超过××秒钟的电话	每天1次	客服中心
14	2个小时内仍未解决的来自关键客户的投诉	随时	销售团队
15	周末仍未解决的来自其他顾客的投诉	每周1次	销售团队
16	客户首次投诉未解决的情况	每天1次	销售团队
17	解决客户投诉的平均用时，由于产品质量问题发出的退货通知的数量等	每周1次	销售团队
18	未解决的其他顾客（非关键客户）的服务请求（故障、工作请求）	每周1次	服务团队
19	投标成功/失败的百分比	每季度1次	销售团队
20	上个季度关键客户人数的变动情况	每季度1次	销售团队
21	准时完成顾客项目的百分比	每月1次	项目团队
22	从顾客咨询到销售团队做出回应的平均用时	每周1次	销售团队
23	新顾客的人数（业务单位吸引或赢得新顾客/业务的速度）	每月1次	销售团队
24	关键客户推荐的数量	每月1次	销售团队
25	其他客户推荐的数量（不包括关键客户）	每月1次	销售团队

表3-4(续)

序号	绩效指标	考核频率	适用团队
26	分期付款未还清的顾客数量	每周1次	销售和会计团队
27	下个月、未来2~3个月、未来4~6个月为吸引潜在客户购买/使用我们产品或服务计划实施的项目数量	每月1次	营销团队
28	项目开始即支付现金的客户的百分比	每月1次	会计团队
29	每名顾客的营销费用	每季度1次	营销团队
30	能带来利润的顾客数量	每季度1次	营销团队
31	客服中心的电话放弃率（呼叫者放弃）	每天1次	信息技术团队
32	由客服中心首次接听并给出答复的电话	每天1次	信息技术团队
33	关键品牌的市场占有率	每季度1次	营销团队

表3-5　研发/专利的绩效考核指标

序号	绩效指标	考核频率	适用团队
1	本季度完成的新产品的设计周期	每季度1次	研发团队
2	因产品设计导致的质量问题	每周1次	研发团队
3	重点产品的平均专利年龄	每季度1次	研发团队
4	盈利新产品的数量（季销售额超过××元，而且占毛利率的百分比超过××%）	每季度1次	研发团队
5	对公司目前使用的主要应用程序进行变更的数量	每月1次	研发团队
6	重点产品在设计完成后进行的后期变更	每月1次	研发团队
7	排名前5位的新产品/新服务的预期上市日期	每周1次	研发团队
8	晚于计划时间推出产品或服务的情况	每周1次	研发团队
9	从新产品初期规划到上市花费的实际时间（仅限重点产品）	每季度1次	研发团队
10	注册专利的数量	每季度1次	研发团队
11	公司专利的平均年龄	每季度1次	研发团队
12	已经应用于产品中的专利的申请和颁发情况	每月1次	研发团队
13	发表的研究论文的数量	每季度1次	研发团队
14	研发支出占产品销售额的百分比	每季度1次	研发团队
15	研发团队投入研发的时间所占的百分比（排除行政管理时间等）	每季度1次	研发团队
16	研究的投资	每季度1次	研发团队

表3-6　创新/员工培训的绩效考核指标

序号	绩效指标	考核频率	适用团队
1	过去3年间实施项目最成功的管理者名单	每季度1次	所有团队
2	各团队实施员工创新项目的数量	每周1次	所有团队
3	落后于计划的创新项目	每周1次	所有团队

表3-6(续)

序号	绩效指标	考核频率	适用团队
4	未来30天、60天、90天计划实施的创新项目数量	每周1次	所有团队
5	各团队上个月实施的创新项目数量	每月1次	所有团队
6	各团队员工提出创新措施的数量	每月1次	人力资源团队
7	各团队平均培训天数	每月1次	所有团队
8	对现有服务实施创新举措的数量	每月1次	研发团队
9	未来30天、60天、90天计划实施创新举措的数量	每周1次	研发团队
10	上个季度主要产品实施创新举措的数量	每季度1次	研发团队
11	其他产品实施创新举措的数量（非主要产品）	每月1次	研发团队
12	未来1~3个月、4~6个月、7~9个月、10~12个月引入企业内部流程的创新举措的数量	每季度1次	业务运营团队
13	上个月发现并强调的错误的数量	每季度1次	业务运营团队
14	计划下个月、未来2~3个月、4~6个月进行培训的学时数（各团队的内部课程和外部课程）	每月1次	人力资源团队
15	计划下个月、未来2~3个月、4~6个月进行培训的学时数（高级管理团队的内部课程和外部课程）	每月1次	人力资源团队
16	本月各团队参加培训的天数	每月1次	所有团队
17	预计主要生产线淘汰的日期	每季度1次	所有团队
18	实施员工建议项目的比例	每季度1次	所有团队
19	参加创新课程的管理者人数	每月1次	所有团队
20	过去18个月实施重大举措的成效（超过预期、达到预期、低于预期、抛弃）	每季度1次	所有团队
21	参加培训课程，提高阅读和数学技能的员工人数	每季度1次	人力资源团队
22	仍需评估和职位数量及职位空缺的数量	每季度1次	人力资源团队
23	参加关键课程（如领导能力课程、压力管理课程等）的员工人数	每月1次	人力资源团队
24	上个月举办新秀指导会议的次数	每月1次	人力资源团队
25	上个月举办其他员工指导会议的次数	每月1次	人力资源团队
26	上季度内部晋升的人数	每月1次	人力资源团队
27	运用平衡记分卡的团队数量	每月1次	平衡计分卡团队
28	本月完成的内部人员申请企业职位的数量	每月1次	人力资源团队
29	入职两周内未参加新员工指导计划的新员工	每周1次	人力资源团队
30	各团队参加跨部门培训的员工所占的百分比	每季度1次	所有团队
31	管理团队累计的工作经验（年数）	每季度1次	人力资源团队
32	有接班人计划的关键职位的数量	每季度1次	人力资源团队
33	员工提出的建议占实施建议的百分比	每季度1次	人力资源团队
34	目前为止已经制定个人职业发展规划的员工人数	每季度1次	人力资源团队
35	技能已经提高的员工人数	每半年1次	人力资源团队

四、精益管理的关键绩效指标（KPI）

精益管理要求企业用最少的资源投入，包括人力、设备、资金、材料、时间、空间，创造出尽可能多的价值，为顾客提供新产品和及时的服务。精益管理的关键绩效指标（KPI）涵盖安全、质量、交付、成本、创新/成长、领导力六个方面。

1. 安全

安全事故和事件，损失工时为事故，不损失工时为事件。

$$安全事故和事件数=当月出现的安全事故数+事件数$$

2. 质量

外部不良率，即已实际退换或维修的产品数量（产生质量问题的产品数量）占已发货产品数量的比例。

$$外部不良率=\frac{当月产生质量问题的产品数量}{当月已发货产品数量}\times 100\%$$

开箱不良率，即未正式投入使用前产生质量问题的产品数量占总发货产品数量的比例。

$$开箱不良率=\frac{当月产生质量问题的产品数量}{当月总发货产品数量}\times 100\%$$

质量一次通过率，即未经过任何返修的合格产品的占比。质量一次通过率以关键工序的一次通过率相乘得出。

终检一次合格率，即终检一次合格产品数量占总产出数量的比例。

$$终检一次合格率=\frac{终检一次合格产品数量}{总产出数量}\times 100\%$$

供应商质量，即不合格外购物料数量占外购物料收货总数量的比例。

$$供应商质量=\frac{不合格外购物料数量}{外购物料收货总数量}\times 100\%$$

售后服务一次结单率，即一次性服务（维修）成功（一次结单）的售后服务单数量占总售后服务单数量的比例。

$$售后服务一次结单率=\frac{一次结单的售后服务单数量}{总售后服务单数量}\times 100\%$$

3. 交付

准时交货率，即准时交货订单行数占总交货订单行数的比例。

$$准时交货率=\frac{准时交货订量行数}{总交货订单行数}\times 100\%$$

平均交货期，不同产品线分别计算，单位为天。

$$平均交货期=\frac{\sum(发货日期-接收订单日期)\times 发货数量}{发货总数量}$$

供应商准时交货率，即供应商准时交货的订单行数占总交货订单行数的比例。

$$供应商准时交货率=\frac{准时交货的订量行数}{总交货订单行数}\times 100\%$$

售后服务响应时间，即从接到客户投诉到开始解决问题的时间间隔。

需要到客户现场，售后服务响应时间=售后人员到达现场时间-接到客户投诉时间

无需到客户现场，售后服务响应时间=开始在线解决问题时间-接到客户投诉时间

4. 成本

采购成本降低率，即当期物料采购成本降低程度。

每个料号的标准成本=上一年采购价格的加权平均数

新料号的标准成本=首次采购的单价

$$成本=\frac{\sum 入库数量\times(物料标准成本-物料实际采购价格)}{\sum(物料入库数量\times 物料标准成本)}$$

采用 VAVE 法使成本降低，即 VAVE 项目带来的成本降低。

$$成本降低=\frac{\sum 成品入库数量\times(产品标准成本-产品实际成本)}{\sum(成品入库数量\times 产品标准成本)}$$

生产效率，即每单位人工在单位时间生产出的产品数量。

$$生产效率=\frac{入库成品数量}{直接人工总工时}$$

设备综合利用率，即以设备运行时间、产出效率、产出合格率计算的设备整体实际利用率。

时间效率=实际生产时间/计划生产时间

产能效率=理论周期时间×产出数量/实际生产时间

设备综合利用率=时间效率×产能效率×质量合格率

库存周转率用于衡量整体库存水平。

年化主营业务成本=月主营业务成本×12

$$库存周转率=\frac{年化主营业务成本}{平均库存}$$

运营资金周转率用于衡量应收账款、应付账款、库存对运营资金的影响。

年化销售额=月销售额×12

$$运营资金周转率=\frac{年化销售额}{平均应收账款-平均应付账款+平均库存}$$

销售变现天数用于衡量应收账款收回速度。

销售变现天数计算方法如下：用期末应收账款余额逐月减去各月销售收入，直至余额不够减；每减去一个月把当月天数累加；当余额不够时，按比例计算该月天数。

应付账款支付天数用于衡量应付账款账期长短。

应付账款支付天数计算方法如下：用期末应付账款余额逐月减去各月成本和费用（不含工资和折旧），直至余额不够减；每减去一个月把当月天数累加；当余额不够时，则按

比例计算该月天数。

税息折旧及摊销前利润率（EBITDA 利润率），排除了利息、折旧摊销、纳税对公司利润的影响。

$$\text{EBITDA 利润率}=\frac{\text{净利润}+\text{所得税}+\text{财务费用}+\text{计提折旧}+\text{计提摊销}}{\text{销售额}}\times 100\%$$

5. 创新/成长

主营业务销售额，即不含税的主营业务销售额。

$$\text{主营业务销售额}=\sum \text{不含税的主营业务销售额}$$

市场占有率，即公司在细分市场的占有率。

$$\text{市场占有率}=\frac{\text{公司在细分市场的销售额}}{\text{细分市场总规模}}\times 100\%$$

销售价格实现用于衡量公司产品在市场中的竞争情况。

新产品标准价格=上一年实际销售价格的加权平均数

新上市产品的标准价格=上市时的价格

$$\text{销售价格实现}=\frac{\sum \text{不同产品型号销售数量}\times\text{实际销售价格}}{\sum \text{不同产品型号销售数量}\times\text{标准销售价格}}\times 100\%$$

新客户活力指数用于衡量公司开拓新客户的能力。

新客户是指过去 12 个月内首次购买的客户。

$$\text{新客户活力指数}=\frac{\text{新客户销售额}}{\text{总销售额}}\times 100\%$$

新产品上市准时率，以产品实际上市时间所在月份计算公司新产品开发管理能力。

$$\text{新产品上市准时率}=\frac{\text{准时上市的新产品数量}}{\text{总上市新产品数量}}$$

产品上市延迟天数，当新产品上市延迟对公司销售额或场竞争力影响较大时使用。

$$\text{产品上市延迟天数}=\frac{\sum \text{新产品上市延迟天数}}{\text{上市新产品数量}}$$

新产品活力指数，即过去 24 个月上市的新产品销售额占总销售额的比例。

$$\text{新产品活力指数}=\frac{\text{新产品销售额}}{\text{总销售额}}$$

6. 领导力

员工主动离职率，即主动离职的员工数量占员工总数的比例。

$$\text{员工主动离职率}=\frac{\text{主动离职的员工数量}}{\text{员工总数}}\times 100\%$$

人才内部供给率，即内部招聘员工数量占招聘员工的总数量的比例。

$$\text{人才内部供给率}=\frac{\text{内部招聘员工数量}}{\text{招聘员工的总数量}}\times 100\%$$

五、能力分级词条

能力分级词条主要包括管理知识、沟通能力、表达能力、应变能力、团队合作能力、人际交往能力、创新能力、办公技能、诚信意识的分级词条（见表3-7至表3-15）。

表3-7 管理知识分级词条

1级	2级	3级
1. 了解管理的本质，掌握有效管理的含义； 2. 了解管理的基本职能； 3. 了解管理者的特征，掌握管理者的分类，清楚管理者在组织中的角色，了解管理者管理环境的基本方法； 4. 了解各种决策类型； 5. 掌握计划的基本要素，掌握计划的层次和分类，理解各种计划之间的区别； 6. 了解目标在管理中的重要性； 7. 了解组织设计的原则； 8. 了解人员配备的目的，掌握人员配备的工作内容和基本原则，了解获得人员的基本途径和选聘人员的基本方法； 9. 掌握领导的内涵，掌握领导者与管理者的区别； 10. 了解关于人性的几种基本看法，理解人的行为产生的原因和激励机制； 11. 明确有效沟通的条件，理解沟通在管理中的重要性，了解沟通的各种类型，了解组织沟通的类型和形式； 12. 了解有效控制系统的基本特征	1. 掌握管理的基本过程； 2. 掌握不同管理理论的主要代表人物及其基本观点； 3. 掌握管理环境的含义及其分类，能区分某因素是否属于环境因素、是何环境因素； 4. 能对某一特定组织的任务环境进行分类； 5. 掌握理性决策的基本过程； 6. 掌握制订计划的基本步骤和计划审定方法； 7. 掌握目标管理的基本原则和过程； 8. 掌握划分部门的方法，掌握管理幅度与管理层次及其关系； 9. 掌握人员配备的工作内容和基本原则； 10. 掌握领导者应具备的基本素质及领导群体结构； 11. 掌握主要的激励理论，并能运用于实际分析； 12. 掌握个体行为对沟通的影响，掌握改善人际沟通的方法； 13. 掌握控制的类型和控制过程	1. 熟悉西方管理思想的发展过程； 2. 熟悉各种决策方法及其适用范围； 3. 熟悉各种现代计划方法的基本原理、优缺点； 4. 熟悉各种常见的组织结构形式及其优缺点和适用场合； 5. 掌握集权与分权、授权； 6. 熟悉考核的目的，掌握业绩考核的常用方法和绩效考核的基本过程； 7. 熟悉人员培训的常用方法； 8. 熟悉组织变革的动因及组织变革的过程，掌握组织文化的塑造过程； 9. 掌握领导权力的构成及领导影响力的来源； 10. 掌握基本的领导风格类型及主要领导理论； 11. 熟悉有效激励的基本方法，并能领会其精神； 12. 熟悉有效沟通的障碍及其克服的方式； 13. 熟悉管理创新与管理职能之间的关系，掌握创新的基本模式和基本原则，熟悉创新思维方法，熟悉管理创新障碍，掌握创新的管理

表 3-8　沟通能力分级词条

1 级	2 级	3 级
1. 具有良好的倾听能力，善于快速抓住谈话的中心议题； 2. 具有良好的语言组织和表达能力，可以简洁、清晰地表达自己的观点； 3. 具有良好的专业表达能力，可以熟练运用相关的专业词汇	1. 具有稳定的沟通心态，善于通过语言营造开放、真诚的沟通氛围，善于倾听别人的意见、观点的同时给予适当的反馈； 2. 具有良好的语言影响能力，善于围绕每次交流的重点，通过多样化的语言形式表达主要观点，并达成沟通目标； 3. 具有熟练运用专业知识进行高效沟通的能力，善于判断沟通对象的专业能力，将所需沟通的信息用合适的语言准确传递	1. 具有良好的商务沟通和谈判能力，善于围绕沟通的目标，组织沟通和谈判素材，并通过正式和非正式的沟通活动达成目标； 2. 具有沟通目标设定和达成的能力，可以就每次正式的沟通拟定目标，并通过沟通进行目标达成； 3. 具有胜任多种场合进行沟通的能力，掌握商务拜访、谈判、新闻发布会、市场活动等多个场合的沟通技巧

表 3-9　表达能力分级词条

1 级	2 级	3 级
1. 具有基本的语言表达能力，吐词清楚、节奏合理、用词准确、逻辑清晰、善于倾听； 2. 具有基本的专业表达能力,善于熟练运用本专业和本岗位的知识,与同事、客户、领导进行正常的沟通表达	1. 具有良好的语言表达能力，善于用肢体语言辅助表达，善于结合交流的场景进行表达； 2. 具有良好的专业素养，具有较宽的知识面，并善于在表达过程中合理应用	1. 具有优秀的语言表达能力，善于营造良好的沟通氛围，善于通过语言表达达成既定的目标； 2. 具有高超的表达技巧和专业素养，掌握不同场合的表达方式，并熟练运用； 3. 具有优秀的表达应变能力，能够结合不同场合的需要，准确地以口头、书面等方式进行工作部署或有效沟通

表 3-10　应变能力分级词条

1 级	2 级	3 级
1. 具备良好的工作适应能力，可以快速融入新的工作环境； 2. 具有良好的心态调整能力，可以快速调整心态； 3. 具有良好的应对变化的能力，善于分析变化的原因，并能根据工作经验改善自己的工作流程和工作方法； 4. 具有基本的资源组织和调度能力，并能借助这些资源应对变化，克服工作困难，并达成工作目标	1. 具有基本的应对变化和分析能力，可充分了解工作环境的变化特点，善于分析该变化对个人、团队或企业造成的影响； 2. 具有良好的变化调整能力，能够根据变化适时对自己的工作流程、方法及资源分配做出有效调整； 3. 具有预防变革风险、管理变革所造成影响的能力，能够确保在尽可能降低工作成本的前提下达成工作目标	1. 具有良好的变革预测能力，能够正确预见变化发生的可能性，并能够把握变化为团队或企业带来的市场机会，对如何利用该机会提出自己的建议； 2. 具有指导团队妥善应对变化的能力，能够指导团队或下属制订有效的调整计划，并能够采取必要的行动合理调配资源来支持调整计划的实施

表 3-11 团队合作能力分级词条

1 级	2 级	3 级
1. 具有基本的团队合作能力，具备一定的全局观； 2. 具有基本的合作精神； 3. 具有应对冲突的基本能力，能够妥善应对工作中所出现的冲突，能够借助上级或其他力量保证工作继续开展	1. 具有良好的团队合作能力，具有全局观，能做到不计较个人得失； 2. 具有良好的合作精神，善于与他人合作； 3. 具有良好的团队影响力，乐观自信，乐于与人沟通，能主动协调好内外关系； 4. 具有良好的组织协调能力，考虑周全，能够根据任务的重要程度，提前分配或调动各种资源，擅长与各部门、各方面人员保持融洽的关系，能够在兼顾对方利益的基础上促进相互理解、共同合作，保证团队工作顺利开展； 5. 具有良好的团队学习能力，能真诚地评价他人对团队的投入和专长，愿意向他人学习； 6. 具有良好的团队成员分享能力，善于组织团队成员分享各自的信息和经验	1. 具有很强的大局观，执行力强； 2. 具有优秀的团队合作精神，能够积极主动与他人合作； 3. 具有优秀的协调能力，善于同外界建立合作关系，能够利用各方的资源为自己的工作服务； 4. 具有优秀的团队领导力，善于组织团队活动，善于培养全体团队成员的协作精神

表 3-12 人际交往能力分级词条

1 级	2 级	3 级
1. 具有基本的人际交往能力； 2. 具有基本的组织适应能力，可以在新的组织中开展工作	1. 具有较强的人际交往能力，能够给人以一种真诚的印象，能获得周围人的支持与信赖； 2. 具有较强的同理心，可以获取他人的信任，能在工作中换位思考，考虑他人的感受； 3. 具有开放的人际交往心态，不排斥人际交往活动； 4. 具备良好的沟通交流能力，能够恰当地表达和倾听，对不同情景和不同交往对象，能够灵活采取不同的应对策略	1. 具有优秀的人际交往能力，待人友好、真诚，能够获得他人的信赖，能够时时为他人着想； 2. 具有独特的人格魅力，在工作中，同事或客户都愿意与其合作并保持良好的关系

表 3-13 创新能力分级词条

1 级	2 级	3 级
1. 具有好奇心，对新事物具有正确的态度，不盲目接纳，也不恶意排斥； 2. 具有积极的学习态度，乐意对新事物进行学习； 3. 具有基本的创新能力，掌握基础的创新技巧	1. 具备较强的学习能力、善于学习新知识，掌握新事物的规律； 2. 具有良好的创新能力，在遇到问题时愿意尝试新的方法；善于组织资源，创造性地解决问题； 3. 具有良好的知识基础，善于利用专业知识，灵活变通地完成上级交办的各项工作	1. 具备敏锐的观察力，善于发现新问题，寻找新方法； 2. 具有良好的行业洞察力，善于发现行业变革的趋势，引领创新潮流，发现创新机会； 3. 具有管理创新的能力，善于组织团队资源，制订创新计划，达成创新目标； 4. 具备管理创新团队的能力，善于在日常工作中，鼓励下属多角度思考，提出各种解决思路； 5. 决策时，敢于创新但不失稳重

表 3-14　办公技能分级词条

1 级	2 级	3 级
1. 具有文字处理软件（Word）的初级应用能力，包括但不限于： （1）数据录入、字符格式设置等操作； （2）常用排版操作，包括段落格式设置和页面格式设置； （3）插入图片、文本框、艺术字和基本绘图； （4）表格绘制操作； （5）文本打印、装订。 2. 具有表格处理软件（Excel）的初级应用能力，包括但不限于： （1）工作表的编制和格式化； （2）公式与常用函数的应用； （3）图表操作以及数据管理和分析； （4）数据排序、筛选、分类、汇总； （5）工作表拆分、冻结以及工作簿打印。 3. 具有电子演示文稿软件（PowerPoint）的初级应用能力，包括但不限于： （1）演示文稿的建立、幻灯片操作、文本编辑； （2）图形图像、表格和多媒体插入； （3）幻灯片动画效果应用； （4）文档放映、打印、打包转换。 4. 具有计算机商务办公能力，包括但不限于： （1）互联网上网操作，资料下载、电子邮件使用、打印、复印件传真等； （2）网络安全防范、病毒查杀； （3）访问控制技术	1. 具有 Windows 操作系统平台的应用能力。 2. 具有 Excel 处理数据的应用能力，包括但不限于： （1）常见函数公式的应用； （2）数据的图表呈现。 3. 具有 PowerPoint 软件的高级应用能力，包括但不限于： （1）幻灯片母板使用、配色方案及背景设计； （2）幻灯片动画效果设计。 4. 具有办公设备使用与维护的能力，包括但不限于运用数据加密技术的能力。 5. 具有使用录音、录像、照相设备的能力。 6. 具有视频通信的应用能力	1. 具有投影、远程视频系统、电视电话会议系统的操作能力； 2. 具有简单的编辑图像、视频的能力

表 3-15　诚信意识分级词条

1 级	2 级	3 级
1. 具有健康良好的心态，尊重他人，待人真诚，为人正直； 2. 自觉遵守工作相关的法律法规； 3. 熟知公司制度并具有严格遵守公司制度的意愿； 4. 具有良好的社会公德意识； 5. 将不良的个人情绪置于工作之外	1. 具有健康良好的心态，尊重他人，待人真诚，为人正直； 2. 自觉遵守营销工作相关的法律法规； 3. 掌握公司制度并具有严格执行公司制度的能力； 4. 具有正确的价值观、是非观念和社会公德意识； 5. 虚心学习，谦虚有礼，对各项工作认真负责	1. 具有健康良好的心态，尊重他人，待人真诚，为人正直； 2. 自觉遵守工作相关的法律法规； 3. 掌握公司制度和具有严格执行和监督执行公司制度的能力； 4. 具有正确的价值观、是非观念和社会公德意识； 5. 对工作具有极强的责任心

实训项目一 SWOT 分析应用

实训目的

1. 掌握 SWOT 分析的内容。
2. 完成某一组织或品牌的 SWOT 分析。
3. 学会使用 office 或其他绘图软件，掌握图表的绘制。

实训内容

1. 以小组为单位，任选一个组织（营利性组织和非营利性组织均可）为研究对象，小组成员曾经在该组织实习或工作过，或者正在该组织实习或工作最佳。若无，推荐选择亲朋好友工作的组织，以便于进行调查。

2. 小组成员分工协作，共同完成该组织或产品（服务）品牌的 SWOT 分析。

3. 完成实训报告，并以 PPT 形式在课堂进行交流汇报。

4. 由学生和教师进行提问，进行成绩评定。教师和学生代表的评分各占总分的 50%。

评分要点

1. SWOT 分析的内容完整，分析报告制作规范。
2. PPT 制作精美，现场展示流畅，小组成员配合得当。
3. 能准确回答教师和学生提出的问题。

实训报告

参考资料 1

A 运动品牌企业 SWOT 分析

一、优势

（1）A 公司是中国最早的一家民族运动品牌，以公司创始人的名字命名，多年来一直是民族的骄傲，靠着其个人的影响力和社会关系，积累了丰富的资源优势和公共关系。

（2）A 公司进入体育用品行业的时间比较早，专业性非常强，有雄厚的资金条件来投入产品的研发和设计，并且聘用国际上一流的设计团队，在 20 多年的经营过程中，积累了非常多的经验，即使想要进行改革也会有比较好的基础保障。

（3）A 公司赞助了许多的大型运动会和体育团体，如奥运会、世锦赛、中国羽毛球队，提升了品牌的国内国际知名度，并且始终以一个健康的企业形象面对公众，得到了很多消费者的认可。

（4）A 公司由于经营时间比较长，市场的渗透范围相对较广，和国际品牌以及后来的国内品牌相比较，有一些优势，物流、运输网络更健全。

二、劣势

(1) 随着时间的推移，创始人的个人影响力在不断减弱。在这种情况下，A 公司仅仅依靠个人荣誉已经变得不太现实。

(2) A 公司的研发设计能力虽然和其他国产品牌相比要略胜一筹，但是依然缺乏创新能力，不仅缺乏时尚的元素，更是出现过一些产品质量的问题，相比较于国际大品牌来说仍然存在很大的差距，并且没有根据中国疆域广阔、地域差别大这样的现实状况研发适应地方特色的产品。

(3) 领导者的自身水平有缺陷，团队建设不够，零售终端的销售人员素质不高，不能使消费者得到满意的服务。

(4) 广告投入较少，质量较差，不能向消费者强烈地传达企业的核心价值和企业文化，相比国际大品牌的巨额投入，这一点并没有与企业定位相契合。

三、机会

(1) 随着人们生活水平的提高，人们对于运动、健身的意识越来越清晰，体育用品市场呈现了巨大的潜力。

(2) 自从 2008 年北京奥运会后，公司的品牌得到了极大的宣传，加上越来越多的国际体育赛事在中国举办，体育用品企业会出现更多的机会。

(3) 中国作为一个体育大国，在许多的体育领域都处于世界先进水平，很多国外体育爱好者纷纷将中国的强势传统项目作为自己的体育爱好，也为中国的体育品牌发展提供了契机。

(4) 由于很多国际大品牌出现了“牌大压人”的情况，只要中国的体育品牌能够在服务上做好，更多地与消费者沟通，可以争取到很高比例的消费者转向民族品牌的消费上。

四、威胁

(1) 国际著名的体育品牌看准了中国体育用品市场的需求变大，开始将中国作为重要的战略重心，纷纷集中自己的优势资源，加大投入力度，期望占据更多的市场份额。

(2) 国内厂家异军突起，不断发展，渐渐在产品质量、设计、服务方面赶上甚至超越了 A 公司，A 公司原有的优势也在一步一步丧失和减弱。

参考资料 2

KT 公司在线教育 SWOT 分析

一、优势

1. 教育资源基础较为雄厚

KT 公司开展在线教育的时间虽然并不长，但由于 KT 公司在教育培训市场起步较早、发展时间较长，在在线教育这一领域具有许多刚起步的机构没有的经验，同时长年的日积月累使 KT 公司拥有数量更多、质量更高的师资力量和众多的忠实用户，也塑造了一个专业的在线教育机构的形象。具有一个良好的形象在消费者之中形成良好的口碑，这无疑是一种最高效的传播手段。

2. 定位明确，创新能力强

准确的市场定位是企业在激烈的市场竞争中保持长久生命力的重要保证。很多行业在起步之初，因为定位不清晰而在市场中举步维艰，如粉笔网后来转型做猿题库，又如 91 外教网后转型做 K12 教育（学前教育至高中教育）。在线教育的市场有很多，而 KT 公司在线教育聚焦于出国和在职群体考研辅导这一市场，因此也将自己的优势发挥得淋漓尽致，这也是 KT 公司区别于其他品牌的独特之处。其主要表现为：一是充分考虑到目标群体的特点和需求，目标群体在工作之余才有时间进行学习，因此受时间限制而倾向于选择在线教育这一方式。二是具备较强的师资力量。作为一个较为成熟的知名品牌，KT 公司在线教育了解消费者的具体需求，团队成员经验丰富，能够针对消费者的需求有目的性地开发适合的产品。

二、劣势

1. 在线教育平台体验性不足

与其他品牌相比，KT 公司在传统培训教育方面起步较早，而关于在线教育方面在发展时间方面并没有明显的优势，尤其是在平台的开发方面，质量有待进一步提高，影响到了消费者的学习体验。例如，KT 公司在线教育平台缺乏互动，局限于讨论区留言的形式，无法有效解答用户心中的困惑。因此，KT 公司需要进一步加大平台建设力度，不断提高平台质量。

2. 网络安全方面存在隐患

如前所述，KT 公司在线教育平台建设时间并不长，因此在安全防护方面做得并不够好，在教学内容、电子支付方面均存在较大的隐患。与此同时，消费者的个人信息也很容易遭到窃取。以上的安全问题，都有可能影响到消费者的消费选择。

三、机会

1. 在线教育市场规模大，具有较大的发展潜力

在线教育的出现是信息时代发展的必然产物，它将对传统的教育模式产生巨大影响。随着社会生产力的不断发展，虽然人们的生活水平不断提高，但人们的生活压力却并未减小，反而有越来越大的趋势，由于难以有充足的时间参与传统的线下教育，在线教育迎来了巨大的发展契机。

2012—2022 年中国在线教育行业市场规模如下图所示。根据艾瑞咨询的研究报告，截至 2018 年年底，中国在线教育市场规模达到了 2 517. 6 亿元，虽然环比增长率下降了，但是交易规模比 2017 年增长了 515 亿元。预计到 2022 年，在线教育市场规模将达到 5 433. 5 亿元，表明中国在线教育市场具有良好的发展前景。

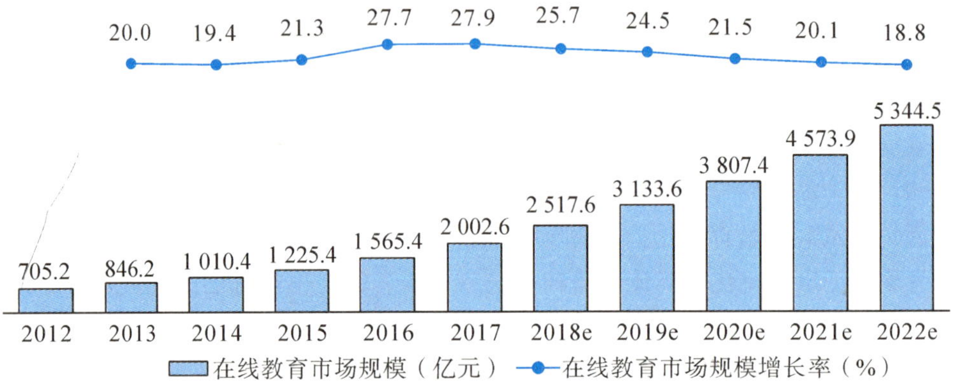

2012—2022 年中国在线教育行业市场规模

资料来源：艾瑞咨询研究院《2018 中国在线教育行业发展研究报告》。

2. 网民数量不断增长，移动终端快速发展

2018—2019 年互联网络接入设备使用情况如下图所示。截至 2019 年 6 月底，国内互联网普及率达到 61.2%，其中网民通过手机接入互联网的比例高达 99.1%。改革开放以来，国内对于互联网技术发展的重视使得国内的互联网设施覆盖范围扩大。如今各个行业都离不开互联网，无论是医疗、物流、教育、娱乐都和互联网息息相关。移动终端技术的发展无疑又一步加大了互联网在人民生活中的影响，无论是工作、学习还是娱乐，互联网都在其中占据主要地位。由移动终端提供的便利和互联网提供的庞大信息量构成了在线教育的特色，即利用人们想要利用好碎片化时间进行学习的心理，无时间、空间限制地满足人们的学习需求。人们对于这种便利的学习的需求，使在线教育拥有庞大的市场，推进了在线教育的发展。

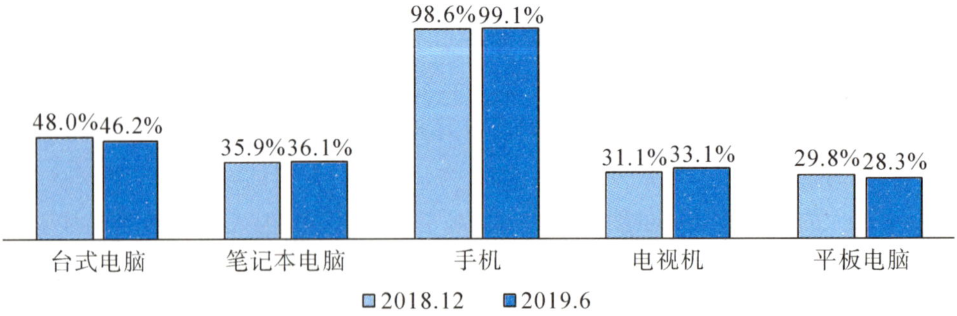

2018—2019 年互联网络接入设备使用情况

资料来源：中国互联网络信息中心《中国互联网发展状况统计报告》。

3. 突发公共卫生事件，推动在线教育普及

2020 年，受新冠疫情影响，国内中小学、高等院校延迟开学。在“停课不停学”的要求下，教育部组织学生在家接受大规模在线课程学习。这一举措扩大了在线教育用户规模，推动了在线教育在三、四线城市的普及，是在线教育企业降低用户获取成本、提升利

润水平的难得机遇，尤其是 K12 在线教育领域，将迎来发展的黄金时期。

四、威胁

1. 市场培育时间长，需要持续加大投入

整个教育行业都具有培育周期长的特点，消费者需要持续改善消费体验。因此，所有在线教育公司都需要持续加大投资力度，不断提高课程和服务的质量，只有这样才能建立用户黏性和较强的市场壁垒。

2. 资本巨头不断涌入，市场竞争激烈

近年来，由于在线教育市场的规模巨大，资本巨头不断涌入，导致了市场竞争更加激烈。市场被越来越多的教育机构占据。在风险投资、私募股权投资为主体的多种投资的推动下，涌现出越来越多的在线教育公司，跨界的教育行业巨头开始出现，行业逐渐走向成熟，市场竞争十分激烈。

参考资料 3

WL 共享汽车 Z 地区市场开拓的 SWOT 分析

一、竞争优势

1. 租车费用较低

与竞争对手相比，WL 共享汽车的分时租赁费用较低，大大降低了用户的使用成本。WL 共享汽车在单车日均运营里程、单车日均运营时长、共享频次等运营数据上都拥有较大的优势。

2. 采用换电模式

WL 共享汽车拥有换电模式使用权。换电模式的具体操作有两种：一是用户开车到最近的能源站，在专业的设备操作下进行整个电池更换；二是当车辆电池容量少于 40%，系统会自动生成订单，员工接收到订单后到车辆所在的网点更换电池，整个换电过程大约需要 3 分钟。这样不仅提高了汽车使用率，降低了成本，而且对停车位的要求也降低许多。WL 共享汽车将电力服务外包给一家公司，并拥有电池所有权。

3. 免押金租车

WL 共享汽车是第一个实现第三方征信授权免押金的共享出行平台。WL 共享汽车与阿里巴巴公司进行了深入的合作，当用户芝麻信用分在 650 分以上，可以免押金用车，两者在云计算与大数据方面还进行了开发和沟通，意图建立一个全新的行业调度平台。

二、竞争劣势

1. 盈利较难

共享汽车规模经济尚未形成，整个行业呈现整体亏损现象。共享汽车作为机动车，比共享单车在成本、停放位置、法律法规方面受到更严格的限制。共享汽车之所以没有真正流行起来，主要的原因是汽车归还问题。共享汽车只能通过“点对点”借还，或者 A 点借 B 点还，不能实现随取、随用、随停。

2. 体验较差

媒体曝光了多起消费者对 WL 共享汽车的投诉，涉及无故扣除消费者 1 000 元保证金、无理由占用消费者押金、汽车的车况不好（如电池损坏和车门锁不上等），造成用户的消费体验较差，影响了消费者的重复使用和购买，促使其转向竞争对手处消费。

三、外部机会

1. 市场规模持续扩大

截至 2018 年年底，中国共享汽车市场规模达 23.7 亿元，2019 年达到 54.3 亿元，2020 年超过 90 亿元。共享汽车市场规模的持续不断增长，为行业的发展带来了良好的契机。2016—2020 年中国共享汽车市场规模及预测如下图所示。

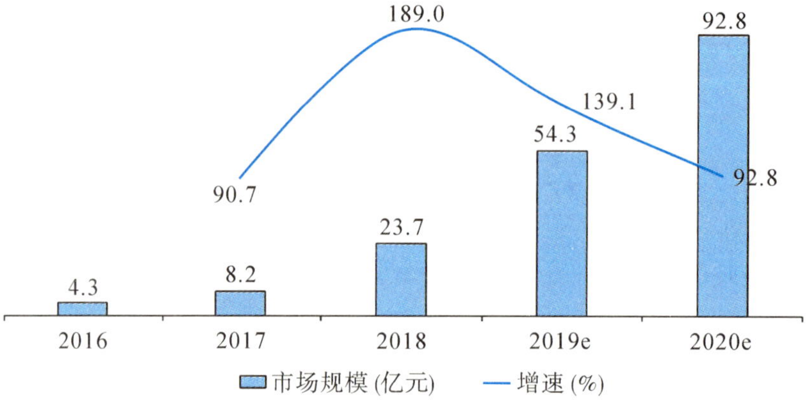

2016—2020 年中国共享汽车市场规模及预测

资料来源：艾媒数据中心《2018—2019 中国共享经济行业全景研究报告》。

2. 各级政府政策支持

2017 年，交通部、住建部联合发《关于促进小微型客车租赁健康发展的指导意见》，明确鼓励分时租赁的发展，提出提升线上线下服务能力以及建立健全配套政策措施。国家发改委、城乡建设部、交通运输部、能源局 4 部门联合下发《关于统筹加快推进停车场与充电基础设施一体化建设的通知》，也提出要促进停车服务与充电服务的衔接与整合，创新“互联网+停车+充电”的综合服务模式。Z 城市为了促进新能源汽车的发展，出台了全国第一个鼓励和规范新能源汽车分时租赁业发展的政策，提出建立覆盖全市的新能源汽车分时租赁服务网络。中央到地方各级政府的政策支持和配套措施，对行业的发展起到了极大的促进作用。

3. 潜在驾驶需求巨大

《2019 年中国分时租赁行业研究报告》显示，中国有超过 1 亿的人处于有驾驶证无车可开（有本无车）的状态，潜在驾驶需求巨大。然而，各城市的限牌、限号政策，制约了消费者的购车行为，城市交通的拥堵、汽车购买和保养成本，使消费者对购车存在疑虑。这些都为共享汽车的发展提供了机遇。2018 年中国汽车驾驶员总量与有本无车人数对比如下图所示。

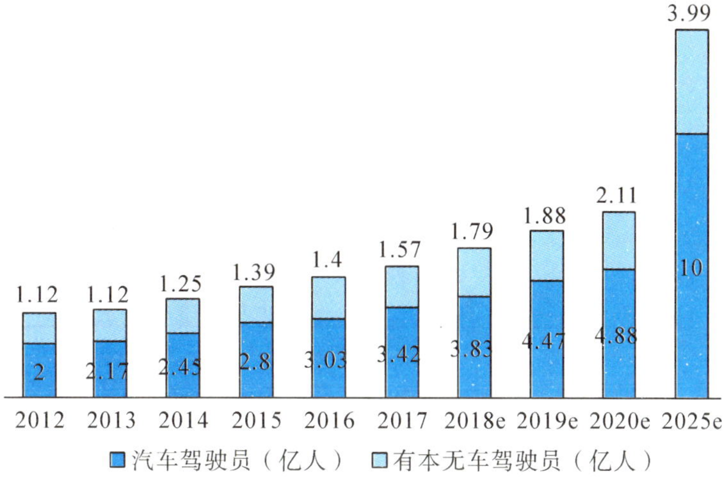

2018 年中国汽车驾驶员总量与有本无车人数对比

资料来源：国家统计局、汽车工业协会、艾媒咨询《2019 年中国分时租赁行业研究报告》。

4. 无人驾驶技术驱动

目前，美、欧、日、中等汽车工业的主要国家和地区，都在大力发展无人驾驶技术，其产业链将不断完善。以第五代移动通信网络（5G）为代表的新一代信息技术的发展，以其“大带宽、大连接、低时延”的特点，使无人驾驶加速落地。2018 年，日本在世界上首次开始了无人驾驶出租车试运行。2019 年，广州成为国内首个推出自动驾驶出租车试运营服务的一线城市。无人驾驶技术的发展，降低了共享汽车的运营成本，提高了用户的使用体验，促进了共享汽车的普及。

四、外部威胁

1. 行业竞争加剧

在 Z 城市，WL 共享汽车的竞争对手较多，如 GoFun、途歌、苏打出行等。苏打出行为本地产品，消费者有支持本地产品的心理。在事故处理方面，GoFun 推出“不计免赔”服务，小刮伤可以选择“不计免赔”，重大事故可以协商使用保险，对于保守型消费者很具有吸引力。此外，美团、滴滴出行的共享汽车项目也落户 Z 城市，滴滴出行是汽车共享行业的领头人，消费者对其也比较信任。随着分时租赁代表企业的汽车投放量快速增加，市场竞争进一步加剧。分时租赁代表企业 2018 年车辆投放量与 2020 年投放量目标如下图所示。

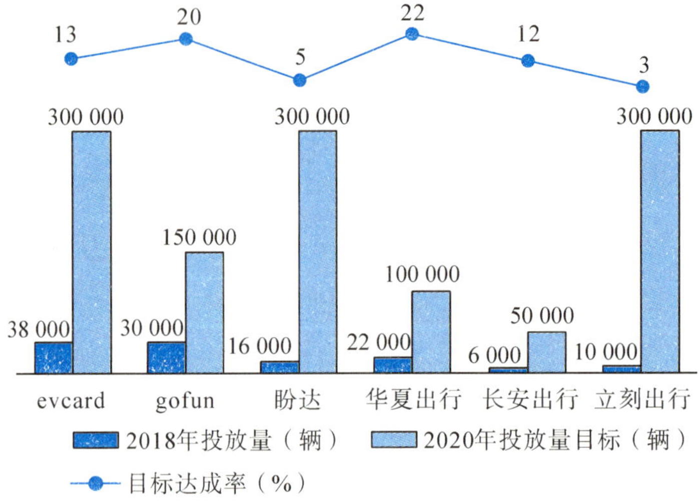

分时租赁代表企业 2018 年车辆投放量与 2020 年投放量目标

资料来源：艾媒咨询《2019 年中国分时租赁行业研究报告》。

2. 资本市场遇冷

共享汽车是一个重资产、重运营的行业，企业在扩张过程中，需要融资的金额非常大。中国电子商务研究中心发布的报告显示，2017 年共享汽车共获得融资 764. 59 亿元，成为共享经济领域获投金额最高的行业。随后，共享汽车经历了与共享单车类似的情况，在政策支持、资本市场追捧下进入爆发期后，出现了资金链断裂的困境，资本市场的遇冷，使共享汽车企业的经营日益艰难。

实训项目二　关键成功要素确定

实训目的

1. 掌握确定关键成功要素的方法。
2. 通过实地访谈等，分析目标组织的关键成功要素。
3. 学会使用 office 或其他绘图软件，掌握图表的绘制。

实训内容

1. 以小组为单位，任选一个组织（营利性组织和非营利性组织均可）为研究对象，小组成员曾经在该组织实习或工作过，或者正在该组织实习或工作最佳。若无，推荐选择亲朋好友工作的组织，以便于进行调查。

2. 小组成员分工协作，完成该组织的关键成功要素分析。

3. 完成实训报告，并以 PPT 形式在课堂进行交流汇报。

4. 由学生和教师进行提问，进行成绩评定。教师和学生代表的评分各占总分的 50%。

评分要点

1. 关键成功要素分析报告内容完整，制作规范。
2. PPT 制作精美，现场展示流畅，小组成员配合得当。
3. 能准确回答教师和学生提出的问题。

实训报告

参考资料 1

拼多多的关键成功要素

拼多多创立于 2015 年 9 月，隶属于上海寻梦信息技术有限公司，是一家致力于为广大用户提供物有所值的商品和有趣互动购物体验的“新电子商务”平台。2018 年 7 月，拼多多在美国纳斯达克证券交易所正式挂牌上市。截至 2020 年 11 月底，拼多多平台已汇聚了 7.313 亿年度活跃买家和 510 万活跃商户，平台年交易额突破万亿元大关，达到 14 576 亿元，迅速发展成为中国第二大电商平台。

1. 精准把握消费者需求

拼多多精准把握广大中小城市、乡村的消费者需求，大力开拓中小城市甚至是农村地区的增量市场，这些地方的用户平时很少接触淘宝、京东之类的电商平台，有的甚至可能是第一次接触移动互联网。拼多多通过用户直连制造（C2M）模式对传统供应链成本进行极致压缩。基于平台大数据，拼多多根据消费者喜好与需求，帮助工厂实现定制化生产，通过降低采购、生产、物流成本，为消费者提供性价比高的商品选择。

2. 打造社交拼团新模式

拼多多改变了传统团购由商家提供无差别折扣价团购的方式，由消费者自主拼团获取优惠价。拼多多的社交是真正去中心化的。任何用户都可以发起拼团，动员身边的朋友参团，因此用户会产生很强的参与感。同时，拼多多的社交是熟人社交，用户为拼团而进行链接分享，基本都在微信群或朋友圈，这就解决了信任问题。拼多多借助社交拼团打造了团购模式。

拼多多平台销售的商品有两种价格：一种较高的单独购买价，一种优惠的拼单价。用户可以自主选择以高价单独购买，或者是发起、参与拼单，在限定时间内组成特定人数的“团”，与团员共享优惠价。这种拼团模式的实质在于取得流量并将其转化为成果，降低了获客成本。目前，国内不少主流电商平台大多采用这种拼团模式，除“淘宝特价版”“京东拼购”、洋码头“砍价团”、苏宁易购拼团、贝贝拼团外，还有拼好货、品质团、51 拼团 、91 拼团、9.9 拼团、好拼团等上千个中小拼团应用程序。

3. 突出价格方面优势

拼多多的最大优势是低价。消费者除了以拼团获取价格优惠外，还可以通过砍价、秒杀获取优惠。“砍刀免费拿”是拼多多的一种营销手段。用户如果想用超低价购买商品，可以邀请众多好友来帮忙，甚至有可能拿到免费的商品。虽然看起来拼多多像是在让利，但其实拼多多通过这种方式获得了更多的用户信息，让更多的人参与到拼多多的活动中来，提高了拼多多的点击量。与淘宝、京东等平台一样，拼多多也推出限定时间秒杀的销售方式。然而，拼多多的限时秒杀会对商品的折扣力度有一定要求，即商品必须是以各平台的最低价参与。这种营销方式使拼多多的产品价格低于淘宝、京东等其他电商平台，促使消费者更愿意使用拼多多来购买商品。

然而，拼多多的低价策略也造成了平台上的假货泛滥、商品的质量得不到保障，直接影响到消费者的用户体验，长此以往必然会造成用户流失，使很多消费者选择卸载拼多多应用程序。

参考资料 2

分析关键成功要素确定 KPI

企业的关键成功要素通常有 5~8 个，对这些关键成功要素进行重点分析，目的在于从这些要素中提取绩效考核的关键绩效指标，只要找到了企业成功的关键因素，就可以落实关键绩效指标。让员工承担自己的责任，与企业运营的关键成功要素协调一致，是管理的黄金定律。企业的关键成功要素具有时效性，它随着企业外部环境和企业本身的发展壮大而变化，当企业的关键成功要素发生变化时，企业的 KPI 也需要进行相应地修订。

第一，企业借助平衡记分卡，从财务、客户、内部运营、学习与发展四个方面来综合衡量企业的经营发展中的关键成功因素。财务方面的成功因素表现为企业在股东眼中的优良表现。客户方面的成功因素表现为企业在持续创造顾客价值、满足顾客的需求方面做对了什么。内部运营方面的成功因素表现为企业比竞争对手更出色的核心能力。学习与发展方面的成功因素表现为团队建设和员工的成长能满足企业对人才的需求，能满足企业持续创造价值的需要。

第二，企业通过鱼骨图把影响企业达成优秀业绩所需要的各种条件和需要实现的目标全部罗列出来，再层层分解，以确定企业的 KPI 维度。这一过程涉及以下三个方面的问题：

（1）企业为什么会成功？过去促使企业成功的要素有哪些？

（2）确定哪些要素还能对企业持续有效，可以帮助企业持续获得成果。过去成功的原因有可能是现在失败的理由，企业还要明确哪些要素已经阻碍了企业持续的成功，并加以消除。

（3）根据企业的战略目标规划，面向未来寻找企业追求的真正的目标。如果企业在未来的发展中要取得成功，成功的关键因素又是什么？

通过对以上问题的追问找到可靠的答案，为明确各关键成功因素的性能指标和评估标准打下基础。

第三，确定企业层面的 KPI。企业可以使用头脑风暴法，确定每一个关键成功要素的衡量指标，形成企业业绩指标库。企业应分析当前的经营管理能力，确定企业层面的关键绩效指标（某医院关键成功要素与 KPI 如下表所示）。企业应明确考核主体，确定针对该考核主体的关键绩效指标的定义、计算公式、权重、收集频次、数据来源。

某医院关键成功要素与 KPI

战略目标	关键成功要素	关键绩效指标	考核标准
财务	提升资产收益率	百元固定资产业务收入	较上年增长 5%
		资产负债率	35%≤资产负债率≤65%
	增加收入，降低成本	医疗收入增加	较上年增长 5%
		各项成本降低	与上年持平或降低
顾客	医疗技术水平	出入院诊断符合率	>95%
		门（急）诊病人医疗事故发生率	<1%
		入院 3 日好转率	>95%
	病人满意度	医疗、护理质量	检查合格率 90%以上
		药品价格	无投诉及违规加价情况
		医德医风	无违纪、无投诉
内部运营	规范医疗行为	单病种费用支出	低于同行水平
		不做“搭车”检查	无病人投诉
	综合响应时间	应急、应诊能力	响应速度不超过 5 分钟
		支持系统响应速度	≤15 分钟
学习与成长	新技术、新疗法	人均获奖科研成果数	较上年增长 3%
		新技术收入产出率	≥35%
	员工满意度	学习型团队和创新文化建设	
		员工流失率	≤1%

第四，分解企业 KPI 关键绩效指标，形成部门 KPI。企业应结合战略目标和企业的 KPI，根据各部门的职责，对目标进行分解，形成各部门的 KPI 关键绩效指标，确保指标与企业层面的 KPI 相关联。通过自上而下的指标分解方法，各部门的 KPI 已基本形成，但是各部门指标之间的横向逻辑关系是否能达成协同，还要进行关联性分析，最少要从企业工作流程的角度来审视，评价各部门 KPI 指标的合理性。企业各部门之间是一种大协作的关系，链条中的每一环都要适当地履行相应的职责。

第五，确定各部门个人的绩效考核指标。同样地，企业按照企业 KPI 分解为部门 KPI 的方法，根据部门 KPI 结合部门内各个岗位的职位说明书提取关键的绩效指标，明确定义、计算公式以及权重，通过自上而下的分解，仍然从流程的角度进行指标的关联性分析，形成各岗位的 KPI。企业层面的 KPI 实现逐层分解，并落实到对企业全员的考核上，确保企业战略目标的实现。

实训项目三　绩效考核指标设计

实训目的

1. 掌握绩效考核指标设计的原则和方法。
2. 通过实地访谈、问卷调查等，完成岗位的绩效考核表。
3. 学会使用 office 或其他绘图软件，掌握图表的绘制。

实训内容

1. 以小组为单位，任选一个组织（营利性组织和非营利性组织均可）为研究对象，小组成员曾经在该组织实习或工作过，或者正在该组织实习或工作最佳。若无，推荐选择亲朋好友工作的组织，以便于进行调查。

2. 小组成员每人选取该组织的一个岗位作为研究对象，该岗位可以同属一个部门，也可以分属不同部门。

3. 完成实训报告，并以 PPT 形式在课堂进行交流汇报。

4. 由学生和教师进行提问，进行成绩评定。教师和学生代表的评分各占总分的 50%。

评分要点

1. 绩效考核指标设计的内容完整，实训报告制作规范。
2. PPT 制作精美，现场展示流畅，小组成员配合得当。
3. 能准确回答教师和学生提出的问题。

实训报告

参考资料 1

质量总监绩效考核表

指标维度	KPI	权重（%）	指标说明	考核得分
财务	质量成本	5	质量成本＝内部故障成本+外部故障成本+鉴定成本+预防成本+外部质量保证成本	
	产值质量成本率	5	质量成本总额/产值×100%	
	质量事故成本	5	因质量事故造成企业各方面经济损失金额	

续表

指标维度	KPI	权重（%）	指标说明	考核得分
内部运营	质量改进目标达成率	10	质量改进完成任务数/质量改进目标任务数×100%	
	质量检验及时完成率	10	质检及时完成次数/检验总次数×100%	
	产品质量合格率	15	合格品数量/检验的总数×100%	
	产品质量问题退货率	10	质量原因导致的产品退货数量/考核期内出货总数×100%	
	质量事故处理及时率	10	及时处理的质量事故次数/质量事故发生总次数×100%	
客户	产品质量投诉率	10	投诉次数/产品销量×100%	
	客户投诉改善率	10	改善的件数/客户投诉正确的总问题数×100%	
学习与成长	核心员工流失率	5	在一定时期内企业流失的核心员工数占该时段内核心员工人数的比例	
	培训计划完成率	5	实际完成的培训项目数/计划培训的项目数×100%	
考核得分				

参考资料 2

快餐店店长绩效考核表

序号	考核指标	考核标准	分值（分）	评分标准	得分
1	组织纪律	1. 准时出勤，无迟到、早退、旷工 2. 请假、休假不得超过公司规定 3. 能严格遵守公司的规章制度及国家政策法规	11	1. 每迟到、早退 1 次扣 1 分； 2. 请假、休假超过公司规定 1 天扣 2 分； 3. 每违反公司或国家政策法规 1 次扣 3 分	
2	沟通与协调	1. 员工的培训 2. 后厨与前厅的工作协调	14	1. 无员工培训记录扣 1 分； 2. 因员工排休影响餐厅营业扣 2 分； 3. 后厨与前厅的工作配合不协调扣 2 分	
3	安全卫生	1. 店面及后厨的陈列合理 2. 清洁卫生达标 3. 消防器材按规定摆放	13	1. 店面及后厨的陈列错乱、不合理扣 2 分； 2. 清洁卫生未达标扣 2 分； 3. 消防器材未按规定摆放扣 1 分	
4	员工流失率	当月门店人员的非正常流失率不能超过 10%（非正常流失指的是自动离职或因管理原因对上级不满而提出离职）	10	每月的员工流失率超出目标 10%扣 1 分	

续表

序号	考核指标	考核标准	分值（分）	评分标准	得分
5	工作技能	1. 能在工作中积极创新，运用有效的营销方式增加销售额 2. 能团结同事，体贴下属，建立优秀的团队 3. 对市场有一定的分析和预测能力，能把握固定的客源和掌握顾客资源	13	1. 随机调查公司的同事及员工对该店长的评价，满意度达 60%加 1 分； 2. 在店面的日常事务处理方面能做到应付自如加 2 分	
6	顾客满意度	1. 当月顾客满意度调查满意度达 95%以上 2. 当月顾客投诉不能超过 1 次	14	1. 顾客满意度调查未达标者扣 3 分； 2. 顾客投诉 1 次扣 5 分； 3. 顾客满意度调查满意度达 100%加 5 分	
7	销售业绩	按照公司管理目标规定的销售额完成指标	12	在公司制定的目标基础上每降低 1 个百分点的营业额扣 4 分，超出目标计满分	
8	利润率	按照公司管理目标规定的利润率完成指标	13	在公司制定的目标基础上每降低1 个百分点的营业额扣 8 分，超出目标计满分	
总 分					

参考资料 3

网店销售人员绩效考核表

姓名		岗位		所属部门	
考核人		考核期限			
序号	考核指标	分值(分)	考核标准		评分
1	销售计划完成率	30	每低于目标值____个百分点，扣____分		
2	客单价	15	每低于目标值____个百分点，扣____分		
3	咨询转化率	15	每低于目标值____个百分点，扣____分		
4	下单成功率	15	每低于目标值____个百分点，扣____分		
5	平均响应时间	10	每低于目标值____个百分点，扣____分		
6	客户投诉次数	15	每低于目标值____个百分点，扣____分		
综合得分					

参考资料 4

收银员绩效考核表

姓名		职位名称	收银员	考核周期	月度

序号	指标	指标说明	分值（分）	考核标准	得分
1	收据及凭证开具的准确性与完整性	考核收银员业务能力，按公司财务管理要求为客户开具收取款项的各种收据及凭证，收据及凭证要按号码连续开具，字迹清楚，数字准确，要素齐全。收银员不能开具“鸳鸯凭据”，错误的凭据及时作废，将作废凭据全部附在存根联后，加盖作废专用章	18	收据及凭证都准确无误且作废凭证少于 3 张，得分 18 分； 收据及凭证错误 1 次扣 2 分； 作废凭据多于 3 张，每增加 5 张扣 1 分	
2	现金收付的准确性	在考核期间，收银工作在数量和质量的准确性（每天收取的款项要与收款凭据进行核对，确保收款金额正确）	23	现金收付未出现错误，得 23 分； 现金收付每出错 1 次扣 4 分； 现金出错次数超过总现金收付次数的 5%，得 0 分	
3	现金送存银行的及时性	考核收银员是否及时将当天收取的款项送存银行或即时交由出纳人员送存银行	18	及时送存银行，得 8 分； 未在当天送存银行 1 次扣 4 分； 在当天但未及时送存银行 1 次扣 3 分	
4	收银金库及保险柜的安全性	确保收银金库安全，零星备用金、重要凭据要存放项目保险柜；严守保险柜的密码，随身保管好钥匙，不得任意转交他人；不得私自保存本人或他人的款项	14	如发现收银金库及保险柜密码被泄露并造成损失，0 分； 发现将钥匙转交他人保管或私存本人或他人款项，1 次扣 7 分	
5	客户满意度	考察客户的投诉次数（恶意投诉除外）	13	客户投诉 1 次扣 2 分	
6	领导满意度	主要考察上级领导交办事项的完成度	5	未完成或领导不满意完成结果 1 次扣 1.5 分	
7	出勤	考核员工出勤情况	9	全勤，得 9 分； 缺勤 1 次扣 2 分，迟到 1 次扣 1 分	
总分					

注：优秀 90~100 分；良好 75~89 分；及格 60~74 分；不及格 59 分及以下

参考资料 5

采购经理绩效考核表

考核指标	考核标准	权重(%)	得分
采购计划编制	每有延迟，减________分/次；采购计划中每有重要内容缺失，减________分/项	10	
物资采购管理	所需采购的物资及时到位，每有延误，减________分/次；因采购物资质量不合格而影响生产的，减________分/次	30	
采购成本控制	采购成本每超出预算________个百分点，减________分/次	25	
采购渠道拓展与供应商管理	月度/季度/年度新开发________家供应商，未完成任务，减________分；优秀供应商比率达到________%以上，每低于目标值________个百分点，减________分	25	
部门员工管理	员工严格按照公司制定的采购管理制度开展工作，若有违反，减________分/人·次	10	
总计			

实训项目四　绩效考核指标体系构建

实训目的

1. 掌握绩效考核指标体系构建的原则和方法。
2. 通过实地访谈、问卷调查等，构建组织或部门的绩效考核指标体系。
3. 学会使用 office 或其他绘图软件，掌握图表的绘制。

实训内容

1. 以小组为单位，任选一个组织（营利性组织和非营利性组织均可）为研究对象，小组成员曾经在该组织实习或工作过，或者正在该组织实习或工作最佳。若无，推荐选择亲朋好友工作的组织，以便于进行调查。

2. 小组成员每人选取该组织或其中的一个部门作为研究对象。

3. 完成实训报告，并以 PPT 形式在课堂进行交流汇报。

4. 由学生和教师进行提问，进行成绩评定。教师和学生代表的评分各占总分的 50%。

评分要点

1. 绩效考核指标体系设计的内容完整，实训报告制作规范。
2. PPT 制作精美，现场展示流畅，小组成员配合得当。
3. 能准确回答教师和学生提出的问题。

实训报告

参考资料 1

政府和社会资本合作（PPP）项目绩效考核指标体系表

项目阶段	考核目标	考核准则	考核指标	考核内容
项目投入	项目人力投入绩效指标	政府专业素质	政府操作 PPP 项目数	地方政府曾参与发起操作的 PPP 项目数
		社会资本经验	社会资本操作类似项目数	社会资本方参与操作类似 PPP 项目数
	项目资金投入绩效指标	项目资金价值	项目资金价值率	项目资金价值率=[公共部门比较值(PSC 值)-PPP 值]/PSC 值
		项目资金到位情况	建设资金到位率	建设资金到位率=到位建设资金/计划到位建设资金
			政府补贴到位率	政府补贴到位率=政府到位资金/政府承诺资金
		投资效用	投资利润率	投资利润率=年平均利润总额/投资总额×100%
			加权综合资金成本	加权综合资金成本=∑（某种资金占总资金的比重×该资金成本）
项目过程	项目管理绩效指标	项目进度	施工进度完成率	施工进度完成率=分项工程实际完成数量/计划完成数量×100%
		项目成本	建设成本降低率	建设成本降低率=（估算建设成本-实际建设成本）/估算建设成本×100%
		项目质量	阶段工程合格率	阶段性工程合格率=报告期内验收合格次数/报告期内验收合格总次数×100%
	项目运营能力绩效指标	资产运营情况	总资产收益率	总资产收益率=利润总额/总资产平均余额×100%
			资产保值增值率	资产保值增值率=扣除客观因素后的年末所有者权益/年初所有者权益×100%
			设备利用率	设备利用率=日平均实际生产能力/日理论生产能力×100%
		项目发展能力	项目收入增长率	项目收入增长率=(本期项目收入-上期项目收入)/上期项目收入×100%
项目产出	工艺效果评价	水质达标情况	出水水质达标率	出水水质达标率=达标指标数/指标总数×100%
		有害指标去除情况	化学需氧量(COD)实际平均去除率	COD 实际平均去除率=（实际进水平均值-实际出水平均值）/实际出水平均值×100%
			悬浮物（SS）实际平均去除率	SS 实际平均去除率=（实际进水平均值-实际出水平均值）/实际出水平均值×100%
	利益相关方满意程度	利益相关方满意程度	利益相关方满意程度	定性指标，反映利益相关方对于项目所提供的公共服务在提供效率与及时性等方面的满意程度

续表

项目阶段	考核目标	考核准则	考核指标	考核内容
项目影响	社会影响	社会公平	直接就业贡献度	直接就业贡献度=直接就业人数/项目总投资
	经济影响	国民经济效果	经济内部收益率	反映项目对国民经济实际贡献的相对指标
	环境影响	水环境	综合污染物指数降低率	综合污染物指数降低率=(项目运行前综合污染物指数-项目运行后综合污染物指数)/项目运行前综合污染物指数×100%
		大气环境	有害气体监测达标率	有害气体监测达标率=监测达到标准的次数/监测总次数×100%

参考资料 2

高校绩效考核指标体系表

战略目标	一级考核指标	二级考核指标	KPI 考核标准
客户	学生/家长满意度	就业率	
		新生报到率	
		第一志愿报考率	学校当年的第一志愿报考人数/实际录取人数×100%
		学生到课率	
		转专业率	
	用人单位满意度	来校招聘企业层次和数量	知名企业（世界 500 强企业）数量×3+其他企事业单位数量
		校企共建实验室/基地等级数量	
	科研与智力服务对象满意度	纵向项目数和经费进账金额	
		横向项目数和经费进账金额	经费达百万元及以上横向项目数×3+其他横向项目数
	上级管理部门满意度	教学科研成果获奖数量	省部级以上教学、科研方面的获奖数量
		成果转化金额	
	社会声誉	学校排名	学校在本省同等次省属高校的位次（根据几大排名系统的数据平均计算）
		杰出校友数量	
业务流程	专业/课程设置	先进性和合理性	
		一流课程的数量	国家级一流课程数量×3+省级一流课程数量
	教学资源配置	硬件（教学楼、宿舍、图书馆、机房等）	
		教育教学经费比例	
		师生比	专职教师人数/学生人数
		教师职称年龄结构	

续表

战略目标	一级考核指标	二级考核指标	KPI 考核标准
业务流程	教学质量保证与监控	重点学科数量	部级重点学科数量×3+省级重点学科数量
		教研活动参与率	
	内部服务和管理水平	部门满意度	
		部门协同满意度	核心服务部门（科技处、资产处、采招处、财务处、教务处、学工处等）的投诉人次数/师生总数
	科研水平	科研经费的平均利用率	
		国家级/省部级科研项目数量	国家级科研项目数量×3+省部级科研项目数量
		论文或著作发表数量	
学习与成长	学科基础	硕士点数量	硕士点数量
		国家/省级学科平台数量	国家级学科平台数量×3+省级学科平台数量
	领军人物数量	省级以上师德先进个人数量	
		高端学者数量	院士数量×10+国家级人才计划数量×5+省级人才计划×3+校级人才计划数量
	教师成长	平均培训费用	
		学术会议参加次数	参加学术会议人次数
		出国访学数量	
		攻读博士人数	
	人才引进	引进博士/教授数量	引进博士/教授数量
财务	主要收入	国家财政投入经费额	
		学生学费金额	学生学费金额
		科研项目经费进账额	科研项目经费进账金额
		社会扣款额	
		合作办学经费进账额	
	重要支出	重点实验室和重点学科投入	
		科研型教师薪金占比	科研型教师薪金/总薪金×100%
		设备购置支出占比	
		学科建设经费支出占比	
		业务管理费	
	财务风险	资产负债率	
		经费收入与经费支出比率	经费收入/经费支出×100%
		财务制度规范健全度	
	发展能力	发展性支出占比	（基本建设支出+设备投入支出+重点学科建设支出）/总支出×100%
		资本累计率	
		3 年资本积累平均增长率	
		3 年收入平均增长率	

实训项目五　管理案例分析

实训目的

1. 了解和掌握绩效指标设计的基本内容、主要方法、实施流程。

2. 应用绩效指标设计的相关理论和方法，解决管理中出现的问题，提高人力资源管理绩效。

实训内容

1. 认真阅读和思考相关管理案例。

2. 根据案例提出的问题，提出解决方案。

3. 完成案例分析报告，并以 PPT 形式在课堂进行交流汇报。

4. 由学生和教师进行提问，进行成绩评定。教师和学生代表的评分各占总分的 50%。

评分要点

1. 能够理论结合实际，案例分析报告撰写规范。

2. PPT 制作精美，现场展示流畅，小组成员配合得当。

3. 能准确回答教师和学生提出的问题。

管理案例

参考资料 1

谁是最美的动物

森林里的动物们准备进行选美大赛，很多动物报名参赛，会场上熙熙攘攘，非常热闹。由狗熊、麻雀、老鹰、蚂蚁、猫头鹰组成的评委会，开始安排赛前的准备工作。这时，森林之王——老虎召集动物评委们，讨论如何组织这次选美比赛。

老虎说："要选美了，咱们首先要制定选美的标准——美丽是什么？狗熊，先谈谈你的看法。"

狗熊说："这个问题我已经想了很久了，选美是一件重要的事情，必须慎重。我们评选的标准首先应该是身体健壮。身体健壮才是美，就像我们熊的家庭，个个都是动物界的大力士，我们有一种力量美。"

麻雀说："我不同意狗熊的看法。美丽的动物一定要有漂亮的外表，比如我们鸟类家族中的孔雀，它的羽毛多美丽，气质多优雅呀！"

老鹰说："你们说的都不对，最美丽的动物应该是有一双锐利的眼睛，那才叫迷人。我们鹰的眼睛是最锐利的。"

蚂蚁说："我不同意你们的看法。内在的美，才是最美。我们昆虫世界里的蜜蜂，天天不辞辛劳地工作，那才叫美丽呢。”

猫头鹰说：“你们的理解都有偏差，最美丽的动物应该是对森林最有贡献的动物。比如说啄木鸟，天天忙着捉虫子。没有它们的努力，森林里就会到处是虫子，我们生活的环境就会很糟糕。”

动物们你一言我一语，各抒己见，争执不休。

老虎看大家争半天也没有个统一的意见，就说：“我看大家对美的认识各有看法。咱们能不能综合一下，把选美的标准定为：要有熊一样的力量，孔雀般漂亮的外表，鹰一样锐利的眼睛，像蜜蜂那样勤勤恳恳，还要有啄木鸟的奉献精神。按照这样的标准来评选，一定能选出最美的动物。”

老虎说完后，动物们面面相觑，不知道说什么好，因为大家都觉得森林里还不存在完全符合这些标准的动物。

问题：

1. 老虎确定的选美标准存在什么问题？
2. 应如何设计森林动物的选美标准？
3. 绩效指标设计中，应如何避免出现类似的情形？

参考资料 2

KPI 管理难题

惠峰公司的销售副总最近很不开心。他花了很大力气才说服了几个大客户和经销商从惠峰公司大批量购买新型空调。这批订货必须在炎热天气到来之前抵达那些主要城市。但是，新的生产线在这几个月仍处于调试阶段。如果不能在 5 月 10 日前发货，这些客户就有权取消订单。如果真是这样，不仅公司的销售业绩会大幅度下降，新的生产线投资也会遭受很大损失。现在是 4 月中旬，销售副总已被告知第一批新产品无法按期交货。

此时，公司的生产副总很高兴，因为眼看着今年过了近一半的时间，他的三项指标（质量、生产成本、生产率）看上去完成得非常出色。新产品生产达标是一个费时费力但效率很低的过程，会影响部门绩效指标的完成，因此他下令减少了本应该配给新产品生产线的生产投入。销售不是他考虑的问题，他的份内工作只是保证产品质量、降低生产成本和完成生产任务，这也是他今年被考评的几个关键绩效指标。

财务兼行政副总的日子也不错。他的关键绩效指标之一是缩短应收账款的周期，降低公司的财务费用。他采取的措施是缩短客户的付款期限，另外他还发出通知，对违反付款期限的客户取消任何放款条件。其实他也知道，这种办法对销售不利，但销售不是他考虑的问题。他所关心的是为公司尽快收回应收账款，降低利息成本。

这是惠峰公司在实施 KPI 绩效考核体系后出现的情况，每一个副总的考核指标仅与他自己的部门职责相关。如果仅考核单个部门，似乎合情合理。但是，从公司的战略发展考虑，这却是一场灾难，公司正处于巨额亏损的边缘。各位副总的目标之间存在严重的失衡，严重阻碍了公司目标的实现。

问题：

1. 公司各副总的 KPI 之间存在严重失衡的原因是什么？
2. 惠峰公司应如何优化绩效指标体系的设计？
3. 本案例的管理启示是什么？

第四章 选择绩效管理工具

实训目标

1. 学习和了解绩效管理工具的重要性；

2. 了解并掌握常用的绩效管理工具；

3. 完成常用绩效管理工具的实践应用；

4. 通过小组作业展示和交流，提升沟通表达能力、团队合作能力、解决实际问题的能力。

知识储备

一、关键事件法实施流程

关键事件法实施流程如图 4-1 所示。

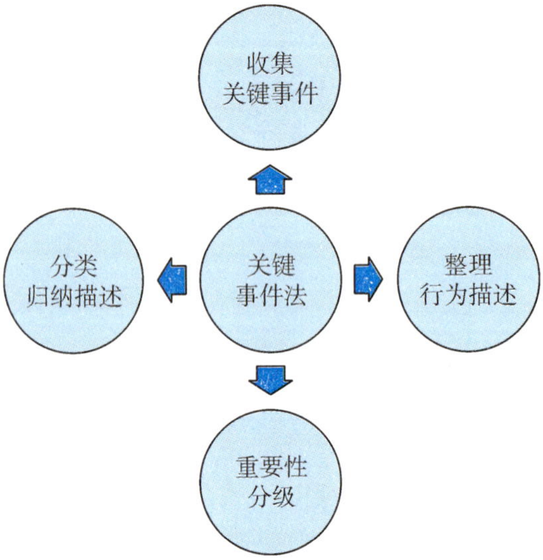

图 4-1 关键事件法实施流程

1. 收集关键事件

实施关键事件法的第一步是进行数据收集。收集数据的方法有两种：问卷调查法、访谈法。采用问卷调查法时，调查人员要使用匿名的方式进行调研。采用访谈法时，访谈人员在确定哪些被访者能够提供有意义的观点之后，与其预约时间进行访谈，并向其保证采用匿名的方式进行。在访谈开始前，访谈人员需要提前设计好有针对性的访谈问题。结构化访谈能够获得更加一致、有用的结果。不管采用哪种数据收集方法，最重要的是接受调研的人员能够清楚地知道成功操作某项工作任务的步骤，或者操作这项工作任务的步骤应该带来何种结果。因此，被调查者通常是经常操作这项工作任务的步骤的员工或其主管。另外，调查人员还可以从享受任务操作者的服务的用户处获得重要信息。例如，如果要调查一位优秀的销售人员的工作任务，那么调查人员不仅要对销售人员及其主管进行调研，还要向其客户收集信息，找出客户期望销售人员针对客户的需求应该如何操作。任何能够客观地观察并记录某项工作任务的重要组成部分的人员，都可以成为收集关键事件信息的被调查对象。收集关键事件的问题示例如表 4-1 所示。

表 4-1 收集关键事件的问题示例

1. 请描述一个对部门/组织绩效产生积极影响或消极影响的例子。 ____________________ ____________________
2. 导致该事件发生的环境和原因是什么？ ____________________ ____________________
3. 员工××当时所做的哪件事是有效的或无效的？ ____________________ ____________________
4. 这一事件对部门/组织绩效产生了什么样的影响？ ____________________ ____________________
5. 员工××在该岗位上工作了多长时间？ ____________________ ____________________

2. 整理行为描述

整理行为描述，即把收集到的关键事件整理为行为描述。关键事件通常包括背景和态度方面的信息，因此需要把它们整理成为有用的胜任力描述，用于后续分析。分析人员必须把行为、条件、结果（或产出）和行为者分离开来，要确保行为者就是真正操作将要分析的工作任务的人员。分析人员应编写成类似这样的描述：基于________的条件，行为者能够________，并带来以下结果或产出。这种描述可以用于胜任力描述，也可用于工作任务优先级分析。

3. 重要性分级

分析人员通过关键事件法收集到的事件描述在普遍性和重要性上有着很大的差异，因此需要对这些事件进行进一步分析，以确定它们对于待分析的工作任务的重要性。

4. 分类归纳描述

首先，分析人员为将要描述的事件选择一个合适的参考系，比如是管理类的描述还是一项用于帮助行为者更好地完成工作任务的辅助工具？其次，分析人员选择一组标题，把事件按类别进行分类。最后，分析人员确定各类事件对于待分析的工作任务而言的重要程度，具体的排列方法取决于分析的目的。

二、360 度考核适用主体

360 度考核的评价主体包括上级、下属、同事、自我、利益相关者（如客户和股东）等，如果企业所有岗位的绩效考核都采用 360 度考核，将大大增加企业员工和管理部门的工作压力，即使可以运用信息技术手段和工具减轻相关管理部门的工作量，也不一定会获得满意的考核结果。同时，由于企业文化和员工个体的差异，并非所有主体都能做出客观真实的评价。例如，上级评价可能存在主观偏差，下属评价和同事评价出于人际关系的考虑会有失公允，自我评价出于利益的考量会只高不低，而利益相关者的评价可能会受诸多因素的左右。因此，要真正发挥 360 度考核的优势，实现绩效管理水平的提升，需要企业整体人力资源管理制度的协调运作。在此基础上，企业结合不同的考核指标、考核目的，合理选择不同的考核主体来实施绩效考核工作。

1. 不同考核指标的适用主体

企业绩效考核指标可以分为三类，即业绩类指标（结果性指标）、态度类指标（特质性指标）、行为类指标（过程性指标）。如表 4-2 所示，业绩类的指标主要评价的是员工的工作结果，考核的初衷在于比较预期绩效目标和实际绩效产出之间的差距，如销售额、应收账款回款率等的考核。这些指标通常应用的是定量评价，使用客观数据进行“理想状态”（目标）与“现实状态”（实际）的比较，这两者的具体情况通常都是被考核对象的直接领导最为清楚，因此考核主体选择应该以上级评价为主。态度类指标主要是评价员工的特质属性，考核的初衷是回答被考核的对象“是一个怎么样的人”，如关于工作努力程度的考核、工作态度的考核。这些指标通常采用定性评价为主，因此评价主体选择应该以“上级+同级+自我”模式。行为类指标主要评价的是员工的工作过程，考核的初衷是引导员工“过程与结果”并重的行为取向，如客户服务能力、团队合作能力等的考核。这些指标通常采用的是定性评价，由有机会观察到员工具体工作行为的人来进行评价，可以适当采用 360 度考核，不同评价主体在行为类指标中占有不同的评价权重。

表 4-2　不同考核指标的适用主体

指标分类	指标举例	量化倾向	评价主体选择
业绩类指标	销售额、 应收账款回款率	定量评价	上级评价为主
态度类指标	工作态度、 工作努力程度	定性评价	上级+同级+自我
行为类指标	客户服务能力、 团队合作能力	定性评价	360 度考核

2. 不同考核目的的适用主体

不同考核目的会影响考核主体的选择以及考核指标的选取。企业人力资源管理的各个职能活动是相互链接、协同工作的。绩效考核的结果也会应用于企业员工的薪酬管理、职位管理、培训与开发、职业生涯管理等各个方面。因此，考核的目的或结果的运用也就会涉及不同方面，如发放一次性奖金、绩效加薪、工作职位升降、职业规划等。从大类上来看，这些评价目的可以分为两类，一类是奖惩导向的评价，另一类是发展导向的评价。如表 4-3 所示，针对不同考核目的，企业需要选取不同的考核主体。

表 4-3　不同考核目的的适用主体

考核目的		考核指标	排除主体	适用主体
奖惩导向	一次性奖金	业绩	自我评价	上级考核
	绩效加薪	业绩+行为	自我评价	上级考核为主
发展导向	工作职位升降	业绩+行为+态度		360 度考核
	职业生涯规划	态度+业绩+行为		360 度考核

以奖惩为导向的考核结果主要应用于一次性奖金的发放、绩效加薪幅度的确定等环节，通常是以评价过去工作为着眼点，是短期导向的考核。在奖惩导向的评价中，首先排除的考评主体是自我评价，奖惩导向的考评与经济利益直接相挂钩，因此在这一环节当中，被考评者自我评价有偏差，要做排除处理，或者在结果核算过程中权重归零。在奖惩导向的评价中，一次性奖金、绩效加薪的考核指标略有不同，因此在考核主体的选择当中，也稍有差异。一次性奖金主要考核指标是业绩，即工作产出，考核的适用主体是上级考核，而绩效加薪由于会产生累积效应，即当期的绩效加薪会计入下一周期中的基本薪酬，因此在考核指标倾向上，除了要考量业绩外，还会适当加入行为，即工作过程类的考核指标。这时考核的适用主体为在坚持上级考核为主的同时，兼顾 360 度考核中的其他维度共同确定。

以发展为导向的考核结果主要应用于工作职位的升降、职业生涯规划等环节，通常是以考虑未来发展为着眼点，是长期导向的考核。长期的以发展为导向的考核，通常适用 360 度考核。工作职位的升降、职业生涯规划等不同考核目的在选取考核指标的时候在权重上有所差异。工作职位的升降主要侧重于业绩考核，兼顾态度和行为，因此在选取主体权重的设计过程中，上级所占权重应该较大。职业生涯规划主要侧重于态度（特质）考核，兼顾业绩和行为，因此在选取主体权重的设计过程当中，自我评价所占的权重应该有所提升，外部利益相关者的评价权重应当较低。

三、目标与关键成果法

目标与关键成果（objectives and key results，OKR）是一种帮助企业员工制定目标，并追踪目标完成情况的管理工具和方法。OKR 以目标管理和平衡记分卡为基础，包括目标设定和关键成果管理两大部分。

1. 目标设定

（1）明确目标和意图。

（2）目标的成功实现，能够为公司带来明确的价值。

（3）通常以季度、年为周期进行目标设定。

（4）自下而上与自上而下相结合，员工和经理共同制定目标，最终确定团队或个人 OKR。

（5）聚焦于公司/团队的目标。

（6）遵循 SMART 原则。

2. 关键成果管理

关键成果管理由关键成果的制定、管理和评估组成。关键成果的制定，即分解后的 OKR 如表 4-4 所示。一般每个目标不超过 5 个关键成果。

表 4-4　分解后的 OKR

1	O（目标）：
2	KR1（关键成果 1）：
3	KR2（关键成果 2）：
4	KR3（关键成果 3）：
5	KR4（关键成果 4）：
6	KR5（关键成果 5）：

OKR 的目标应具有挑战性。如果战略目标和关键成果总是 100%完成，则需要考虑制定更加具有挑战性的目标。OKR 的评分设定为 0~1.0 分，用红色、黄色、绿色分别表示目标的完成情况，绿色表示已完成目标。

0~0.3 分为红色，代表目标失败。

0.4~0.6 分为黄色，代表目标取得了进展，但没有完成。

0.7~1.0 分为绿色，代表目标完成。

实训项目一　关键事件法应用

实训目的

1. 掌握关键事件法实施的流程。
2. 完成关键事件法的实践应用。
3. 学会使用 office 或其他绘图软件，掌握图表的绘制。

实训内容

1. 以小组为单位，任选一个组织（营利性组织和非营利性组织均可）为研究对象，小组成员曾经在该组织实习或工作过，或者正在该组织实习或工作最佳。若无，推荐选择亲朋好友工作的组织，以便于进行调查。

2. 小组成员每人选取该组织的一个岗位作为研究对象，调查 2~4 个关键事件并进行分析。

3. 完成实训报告，并以 PPT 形式在课堂进行交流汇报。

4. 由学生和教师进行提问，进行成绩评定。教师和学生代表的评分各占总分的 50%。

评分要点

1. 调查过程完整，实训报告制作规范。
2. PPT 制作精美，现场展示流畅，小组成员配合得当。
3. 能准确回答教师和学生提出的问题。

实训报告

参考资料 1

关键事件法在营销管理中的应用

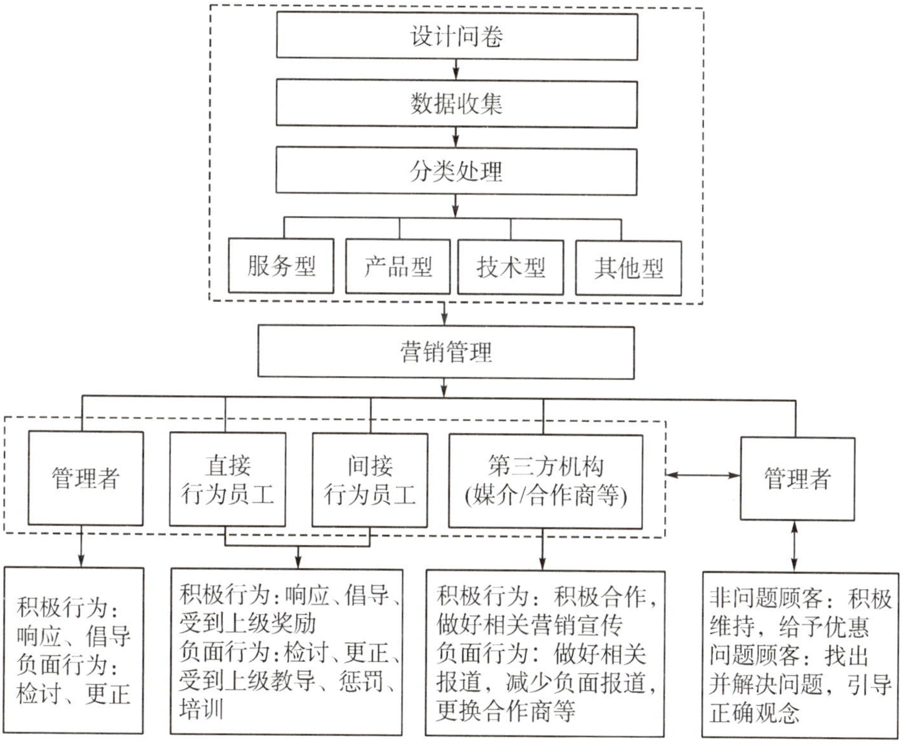

关键事件法在营销管理中的应用图

参考资料 2

使用 STAR 法记录关键事件

小马是公司的物流主管，负责将客户从海外运过来的货物清关、报关，并把货物提出来，然后按照客户的需求运到客户那里。小马供职的公司比较小，共有 26 位员工，只有小马一人负责这项工作。在刚进行完 1 月份考评后，小马 80 多岁的祖母突然病逝。小马从小由祖母养大，祖母病逝使他很悲伤，他在料理祖母后事的过程中生病了。碰巧客户有一批货从美国运过来，要求清关后在当天 6 点钟之前准时运到。这是一个很大的客户。小马把家里的丧事放在一边，第二天早上 9 点钟准时出现在办公室。小马的经理和同事都发现小马的脸色铁青，精神也不好，一问才知道小马家里出事了。但是，小马什么话也没说，一直办理着进出口报关、清关的手续，把货物从海关提出来，并且在下午 5 点钟就把这批货物发出去了，及时运到了客户那里。

使用 STAR 法记录关键事件如下图所示。

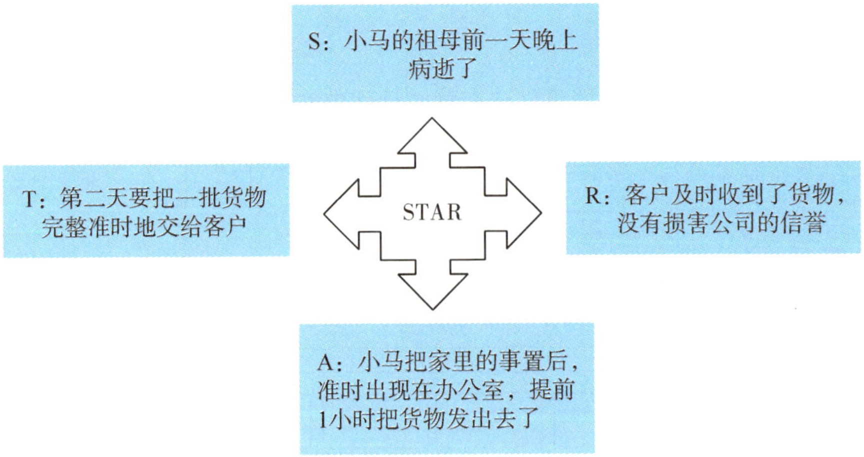

使用 STAR 法记录关键事件

实训项目二　360 度考核法应用

实训目的

1. 掌握 360 度考核法实施的流程。
2. 完成 360 度考核法的在线实践应用。
3. 学会使用 office 或其他绘图软件，掌握图表的绘制。

实训内容

1. 以小组为单位，小组成员每人以选取的岗位作为研究对象，在完成第三章“实训项目三绩效考核指标设计”的基础上，应用 360 度考核法设置指标的评价者和权重。

2. 任选一个在线应用平台，完成 360 度考核法的在线实践应用。

3. 完成实训报告，并以 PPT 形式在课堂进行交流汇报。

4. 由学生和教师进行提问，进行成绩评定。教师和学生代表的评分各占总分的 50%。

评分要点

1. 调查过程完整，实训报告制作规范。
2. PPT 制作精美，现场展示流畅，小组成员配合得当。
3. 能准确回答教师和学生提出的问题。

实训报告

参考资料 1

如何有效设置考核指标权重

一、上级权重设计

上级对下级是否完成了工作任务、是否达到了预期的绩效目标等实际情况比较熟悉和了解，而且在思想上没有太多的顾虑，对下级的考核比较客观、全面。因此，上级考核所占权重可以在 30%~50%左右。

二、同级权重设计

同事通常与被考核者在工作上联系比较多，对被考核者也比较了解，但由于考核涉及个人利益问题，包括职位晋升等以及容易受到人际关系的影响，使得同级考核往往不能完全站在客观公正的角度对被考核者进行评分。因此，同级考核所占权重在 10%~20%左右为宜。

三、下级权重设计

虽然下级对上级的管理风格、工作能力等情况比较了解，但也不能确保其站在客观的立场上进行评价。另外，下级担心上级知道自己的评分而有所顾虑，不敢说真话，最终使考核结果失真。因此，下级考核所占权重在 10%~20%左右为宜。

四、自评权重设计

由于关系到个人利益，如果给自己打的分数不高，其实已经表明承认了自己在某些方面做得不好或者是自己存在不足，于是人们在进行自我评估时往往给自己打较高的分数。因此，自评权重一般在 10%左右为宜。

五、客户权重设计

客户在对被考核者的考核中往往不会占过高比重。一方面，客户评价的数据由于种种原因很难收集到，即使能收集到，客户所观察到的维度往往有限，不能进行较为全面细致的了解；另一方面，由于在一定程度上客户与被考核者存在合作关系，往往不希望得罪被考核者，而且被考核者得分高低与客户的利益无直接关系。因此，客户权重在 10%~20%左右为宜。

不同岗位的考核者与权重构成如下表所示。

不同岗位的考核者与权重构成表 单位:%

考核岗位	考核者					
	上级	同级	下级	客户	自评	总计
管理层	40	20	20	10	10	100
职员	50	20		20	10	100
销售人员	40	20		30	10	100
工程师	40	20	10	20	10	100
技术员	50	20		20	10	100
操作人员	50	20		20	10	100

参考资料 2

信息化管理在 360 度考核中的应用

绩效考核的信息化管理，能够帮助人力资源部门提高工作效率，达到简化绩效考核流程，减少与各部门因考核数据不正确而产生的摩擦与分歧。在线考核使 360 度考核应用具有全面性、动态性，不同地区的考核者可以通过客户端远程登录绩效考核信息系统，能实施多角度、多层次、多对象的测评，测评手段和方法更加简便、科学，能有效满足上下级、同级和客户参与 360 度考核的要求，在规定的时间内对被考核对象实施在线考核评价。利用绩效考核信息系统，各被考核部门可以按照系统权限范围，随时查询被考核对象以往的考核结果和存在的短板并加以改进，以便能更有效地实现考核对加强管理的导向性作用。员工可以明确努力的方向，并通过绩效完成情况和过程的分析，了解并查找自己存在的问题与不足，为持续改进绩效提供帮助，从而可以更好地完成绩效目标。

一、企业微信

企业微信（https://work.weixin.qq.com）是腾讯公司推出的面向企业、政府机关、学校、医院等事业单位的移动服务平台，具有与微信一致的沟通体验，丰富的办公自动化（OA）应用和连接微信生态的能力，可以帮助企业连接内部、连接生态伙伴、连接消费者。企业微信以微信为接入口，以手机为载体，不需要额外下载任何客户端，也无兼容性问题，借助人与手机、微信的亲密关系，适用性十分广泛。通过企业微信，企业可以建立一个囊括全部考核人员协同工作的网络环境，通过网络进行点对点的考核问卷发放。参与考核人员在微信、企业微信上接收问卷，在规定的时间内可以随时填写，填写完成即可在线提交，不再需要人工进行发放和收集，有效地节省了考核时间，也避免了考核问卷漏发、漏收的可能性。

在利用企业微信进行 360 度考核时，考核设计者可以根据实际需要设定问卷填写规则。例如，关键信息设置必填项、选择选项设计选择个数等。在考核者填写完问卷后，系统可以进行自动校对，及时纠正填写错误的信息，确保每份考核问卷产生的数据准确可靠。在问卷提交方面，考核设计者可以设定考核问卷提交次数，对于同一考核者多次提交考核问卷的情况，系统自动进行退回处理。在保证匿名考核的情况下，系统能杜绝重复提交考核问卷的情况。这样可以有效提高回收数据的可靠性，进而保证考核结果的准确性。

企业微信的大数据处理功能，在 360 度考核工作中表现得最为显著。首先，企业微信通过网络将考核者填写完成并校对无误的考核问卷进行收集整理，在企业微信后台形成考核数据库。其次，企业微信在数据库中对数据进行筛选，提取有效数据，按照被考核者的不同类别，对有效考核数据进行分类汇总。最后，企业微信根据事先设计好的核算公式，自动核算考核得分，得分核算完成后，生成可视化的考核报表。整个数据处理过程，由计算机自动完成，可以有效节约统计计算时间，也避免了人工统计中存在计算错误的问题。

二、简道云

简道云（https://www.jiandaoyun.com）是一个灵活易用的应用搭建平台，不需要代码就可以搭建绩效管理应用。简道云提供多个免费应用模板，支持自由修改功能。通过表单形式，简道云可以自行搭建各种管理系统，实现自动统计数据、实时审批流程、高效管理团队。在绩效管理信息化方面，企业将搭建好的简道云应用直接绑定到腾讯企业微信或钉钉上，自动同步全体成员。员工打开企业微信或钉钉，既能管理简道云数据，又能实现团队内沟通。简道云的 360 度考核应用如下图所示。

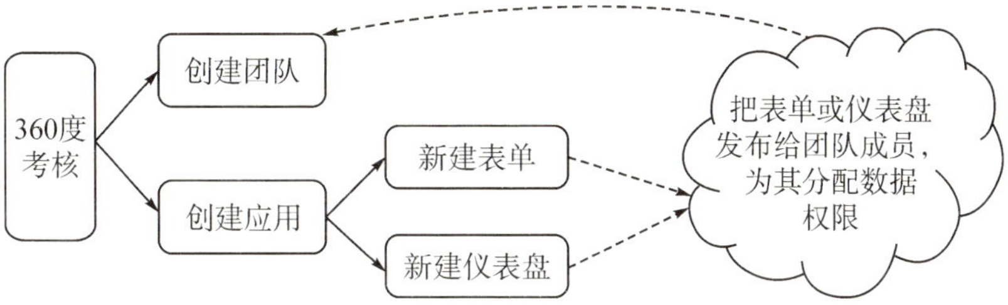

简道云的 360 度考核应用

简道云通过表单来收集、管理数据，通过仪表盘来展示、分析数据，通过把表单、仪表盘发布给用户，让成员可以访问和使用；通过设置数据权限，实现更精细的权限控制，达成团队协作。简道云分为企业微信集成模式、钉钉集成模式、公共模式三种模式，成员可以根据企业所使用的模式进入简道云进行数据填报与查看。

在个人电脑（PC）端，简道云若是企业集成模式，还可以通过钉钉或企业微信管理后台登录。

手机端有以下三种模式：

企业微信集成模式：手机企业微信→工作台→简道云。

钉钉集成模式：手机钉钉→工作台→简道云。

公共模式：简道云微信公众号或小程序→工作台→简道云。

简道云还为具备编程能力的用户提供了一个简单的方法来整合简道云数据与外部数据。简道云接口分为公共接口、webhook（网络自定义回调函数）和单点登录（sso）。公共接口主要用于将外部数据向简道云进行传输；webhook 主要将简道云系统中的数据推送到外部服务器平台；单点登录通过对接简道云应用程序接口（API 接口），可以帮助企业更好地实现业务整合。

实训项目三　OKR 应用

实训目的

1. 掌握 OKR 实施的流程。
2. 完成 OKR 的实践应用。
3. 学会使用 office 或其他绘图软件，掌握图表的绘制。

实训内容

1. 以小组为单位，任选一个组织（营利性组织和非营利性组织均可）为研究对象，小组成员曾经在该组织实习或工作过，或者正在该组织实习或工作最佳。若无，推荐选择亲朋好友工作的组织，以便于进行调查。

2. 小组成员每人选取该组织的一个岗位作为研究对象，运用 OKR 进行季度的目标和关键成果考核。

3. 完成实训报告，并以 PPT 形式在课堂进行交流汇报。

4. 由学生和教师进行提问，进行成绩评定。教师和学生代表的评分各占总分的 50%。

评分要点

1. 调查过程完整，实训报告制作规范。

2. PPT 制作精美，现场展示流畅，小组成员配合得当。

3. 能准确回答教师和学生提出的问题。

实训报告

参考资料 1

OKR 与 CFR

年度绩效考核存在很多缺陷，企业领导者们历经苦痛领悟到的一个深刻教训是：不要把人数字化，数字并不能代表一切，并非所有有价值的东西都可以数字化。为了实现企业的目标，必须对员工进行更高层次的管理，这一模式就是持续性绩效管理。持续性绩效管理与年度绩效管理的区别如下图所示。

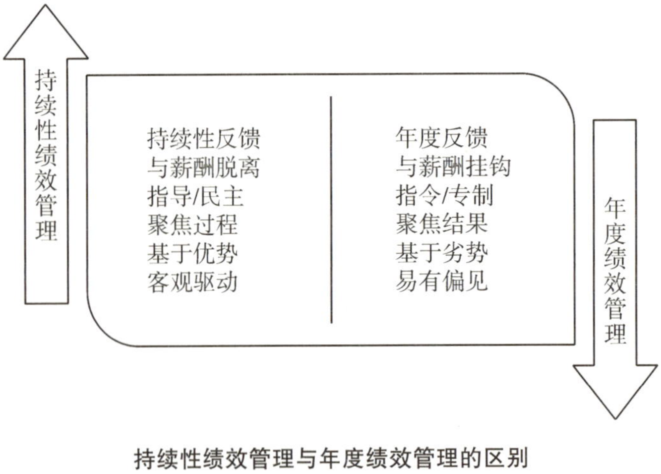

持续性绩效管理与年度绩效管理的区别

持续性绩效管理是通过 CFR 来实现的，CFR 表示对话、反馈、认可。

（1）对话（conversation），即经理与员工之间真实的、高质量的交流，旨在对绩效提升起到驱动作用。

（2）反馈（feedback），即同事之间面对面进行双向沟通或通过网络进行交流，以评估工作进展情况并探讨未来的改进方向。

（3）认可（recognition），即根据个体所做贡献的大小予以相应的表彰。

OKR 与 CFR 之间是相互促进的。和 OKR 一样，CFR 在组织的各层级之间都强调透明、问责、授权和团队合作。

一、对话

管理者和员工之间的对话通常包含以下五个关键领域：

1. 目标设定和反思

员工的 OKR 计划是为即将到来的周期设定的，讨论的重点应当是如何将个人目标和关键结果与组织的当务之急进行最有效的结合。

2. 持续进度更新

对话依托数据对员工工作的实时进度进行快捷监督，并随时待命准备解决问题。

3. 双向辅导

对话帮助员工发挥潜能，并帮助管理者更上一层楼。

4. 职业发展

对话帮助员工提升技能，发现成长的机会，并让其看到未来在公司的升职空间。

5. 轻量级的绩效评估

对话是一种以组织需求为基准，将上次会议以来的组织投入与员工产出进行总结比较的反馈机制。

二、反馈

将反馈融于其中，才能使 OKR 的价值最大化。公开、透明的 OKR 可以激发员工从不同角度思考以下问题：这些是我、你、我们应该关注的正确的事情吗？如果我、你、我们完成了，会被视为一个巨大的成功吗？你对我、我们怎么才能做得更好有什么建议吗？

在发展型组织中，反馈通常是由人力资源部门主导和安排的。在更为成熟的组织中，反馈多是不受约束的、实时的和多方向的，并且多是不分时间、不分地点在组织内以开放式谈话的方式进行的。OKR 可以与 360 度考核结合，强化绩效管理。

三、认可

持续性的认可是提高员工参与度的一个重要因素。以下是提高员工对公司认可度的一些方法：

1. 鼓励同事间认可

当员工的成就获得同事的一致认可时，会激发一种感恩的文化。

2. 建立明确的标准

正确识别员工目前进行的是行动还是结果，如完成特殊项目、实现公司目标，还是展示公司价值；用“当月业绩”代替“当月最佳员工”。

3. 分享有利于增加认同感的故事

实时通信工具或公司博客都可以用于分享成就背后的故事，赋予认同更多的意义。

4. 提高认同发生的频率和可获得性

即便是很小的成就，也应当予以赞扬。

5. 对公司目标和战略的认同

无论中客户服务、创新、团队合作还是成本削减，任何符合组织最高利益的事项都应当被及时提出并获得支持。

参考资料 2

OKR 的四大利器

一、对优先事项的聚焦和承诺

（1）为自己的 OKR 循环设置合适的节奏，如季度 OKR 和年度 OKR。

（2）为了制订实施计划并加强领导者的承诺，在 OKR 推出阶段中应该以高层管理为主。

（3）指定一个 OKR 带头人，确保每个人在每个周期中花一定的时间来选择什么最重要。

（4）在每个循环周期，需要承诺完成 3~5 个最高目标。太多的 OKR 会淡化和分散员工的努力。通过决定不做什么，放弃、推迟或相应减少什么来提升有效性。

（5）在选择 OKR 时，尽量寻找那些对杰出绩效最有影响力的目标。

（6）在组织的使命、战略计划或由领导者明确的广泛主题中寻找设定最高层 OKR 的依据。

（7）强调部门目标并争取横向支持，需要把 OKR 提升到公司层面。

（8）每个目标的关键结果都不要超过 5 个，而且这些关键结果是可以衡量的、明确的、有时间限制的。关键结果也即目标如何实现？根据定义，完成了所有关键结果就等于实现了目标。

（9）为了平衡和质量控制，将定性和定量关键结果进行匹配。

（10）当某个关键结果需要额外关注时，将其提升为一个或多个周期的目标。

（11）OKR 成功的唯一最重要因素，是组织领导者的信念和支持。

二、团队工作的协同和联系

（1）通过展示团队的目标与领导者的愿景以公司首要任务的联系来激励员工。实现卓越运营的捷径是透明的、公开的目标，员工直至首席执行官均是如此。

（2）在全体大会上解释为什么 OKR 对于组织如此重要，之后不断予以重复强调。

（3）当部署高层驱动的垂直层级 OKR 时，应欢迎一线员工的加入，与其针对关键结果进行相互交流并适当接受他们的意见。创新往往产生于公司的基层，而很少产生于权力中心。

（4）鼓励公司内自下而上的 OKR 应占合适比例（约 50%）。

（5）通过将团队与横向的共享 OKR 联系起来，打破部门间的隔阂。跨部门、跨职能的操作使快速和协调的决策成为可能，而这是获取竞争优势的基础。

（6）明确所有横向的、跨功能的依赖关系。

（7）当修改或删除 OKR 目标时，确保所有利益相关者都了解这一情况。

三、责任追踪

（1）建立一种问责文化。植入持续的重新评估和诚实客观的分级制度，并且从顶层开始。当领导者公开承认他们的错误时，员工就会更轻松地承担犯错的风险。

（2）少用外在奖励激励员工，更多采取公开的、切实的措施来衡量员工的成就。

（3）为了使 OKR 具有及时性和相关性，指定专人进行定期检查和进度更新。经常性检查使得团队和个人能够及时纠正错误或快速放弃。

（4）为了保持高绩效，每周都鼓励员工与管理者之间进行一对一的 OKR 会议，以及召开每月的部门会议。

（5）随着环境条件的改变，只要适合组织的发展，可以随时更改、添加或删除 OKR 指标，即使是在考核周期的中期阶段。

（6）在考核周期结束时，使用 OKR 等级加上主观自我评估法来评估过去的表现、庆祝业绩的取得以及对未来进行规划和改进。在进入下一个考核循环周期之前，要反思上一个周期完成的工作。

（7）为了让 OKR 紧跟时代潮流，需要投资建设一个专用的、自动化的、基于云的平台。公共、协作、实时的目标设置系统最为有效。

四、充分延展进而挑战不可能

（1）在每个周期的开始，区分必须达到 100%的目标（承诺型 OKR）和那些要非常努力才能完成的目标（愿景型 OKR）。

（2）建立一种自由的环境。在这种环境下，允许每个人出现失败，失败者无须受到批判。

（3）为了刺激人们解决问题并激励其取得更大的成就，要设定一些挑战性的目标——即使这意味着有些季度目标可能无法完成。但是，不要把目标门槛设得太高，以至 OKR 变得不现实。当人们知道他们不可能完成目标时，士气将会受到影响，甚至低落。

（4）要想在生产力或创新上取得飞跃，请遵循谷歌公司的“10 倍速”原则，并且用指数级来替换增量式的 OKR。

（5）设计具有延展性的 OKR 以符合组织的文化。一个公司的最佳拓展界限会随着企业发展周期的不同需求而有所变化。

（6）当一个团队没能完成延展性 OKR，假如目标仍是相关的，需要考虑把目标转至下一个考核周期。

实训项目四　管理案例分析

实训目的

1. 了解和掌握主要的绩效管理工具、实施流程。

2. 应用绩效管理工具的相关理论和方法，解决管理中出现的问题，提高人力资源管理绩效。

实训内容

1. 认真阅读和思考相关管理案例。
2. 根据案例提出的问题，提出解决方案。
3. 完成案例分析报告，并以 PPT 形式在课堂进行交流汇报。
4. 由学生和教师进行提问，进行成绩评定。教师和学生代表的评分各占总分的 50%。

评分要点

1. 能够理论结合实际，案例分析报告撰写规范。
2. PPT 制作精美，现场展示流畅，小组成员配合得当。
3. 能准确回答教师和学生提出的问题。

管理案例

参考资料 1

猫与老鼠

一天，主人让一只猫去抓老鼠。若抓到老鼠，猫就可以享受一顿饱餐。猫蹲点后不久，发现一只老鼠窜了出来。于是，猫赶紧追上去，但最后还是没抓住机灵的老鼠。主人嘲笑道："大个子居然跑不过小个子！"猫满脸委屈地说："别人是为命而跑，而我仅仅是为一顿饭而跑，当然跑不过了。"

主人想想也对，于是多买来几只猫，并规定："每抓到一只老鼠的猫，就奖励一条鱼；抓不到老鼠的猫，就没有鱼。"这样一来，猫都很积极，拼命抓老鼠，收获颇丰。主人也轻松了很多，不再为抓老鼠的事困扰。可是不久，主人发现了一个问题，猫抓到的老鼠越来越小。经过调查，主人终于发现原来小的老鼠跑得慢，猫容易抓到，而大的老鼠跑得快，猫不容易抓到；给猫的奖励都是按抓到的个数来定的，猫抓到的老鼠越来越小，就不足为奇了。于是，主人决定修改奖励措施：奖励的标准不再按个数来衡量，而是按抓到的老鼠的重量来确定。

主人总算解决了此问题。但不久，主人发现猫抓到的老鼠的大小有提高，但数量并没有上升，且两只猫经常为争夺一只老鼠大打出手，相互打架不说，还让老鼠给跑了。主人还发现邻居家的猫与自己家的猫的数量一样，但抓到老鼠的数量以及大小都比自己家的猫多得多，主人非常不解。在某日早晨，疲倦的主人敲开了邻居家的门，向邻居请教。邻居告诉他，他把他家的猫组成一个小组，各司其职，有的负责包抄，有的负责蹲点，团队作战，成功率很高。另外，有的猫专门负责培训小猫，相互学习，使猫抓老鼠的本领越来越强，因此能抓到的老鼠自然很多。主人终于明白了道理，于是召集猫开了首届全体会议，进行整改，打造强有力的作战团队，进行分工合作，有负责包抄的，有负责蹲点的，另外，经验丰富的猫还要负责传、帮、带新猫，指导它们学习抓老鼠的本领。

问题得到了有效改善，但一些抓老鼠经验丰富的猫开始有意见了："我们一边要承担抓老鼠的任务，一边还要负责培训新猫，耽误了我们很多抓老鼠的时间和精力，而我们抓不到老鼠就没饭吃，这很不公平。”主人思考良久，于是决定每天固定给老猫一条鱼，不论它们是否抓到老鼠，如果抓到老鼠再额外奖励。可是，主人陷入了沉思：“那怎么公平奖励这个分工合作团队的每个成员，包抄的、蹲点的……各自贡献有多大？应奖励多少呢？”

问题：

1. 猫抓老鼠的绩效考核中存在哪些问题？
2. 应该采取哪些措施进行改进？
3. 本案例的管理启示是什么？

参考资料 2

360 度考核的困境

何帆是某公司人力资源部经理，最近他在公司内部推行 360 度考核时，遇到了很大的困难。提出要实施 360 度考核的是董事长——他在与同行的交流中得知这种考核法不仅能够避免在考核中出现人为因素干扰，而且还能促使员工自觉提高，他便授权何帆在公司内部推广实施。

何帆很快拟定了一份 360 度考核制度，按照新的考核制度，被考核人的上级、同级、下级和服务的客户，都对其进行评价。被考核人初步定为公司中层领导和关键员工。按照既定步骤，何帆首先组织部门经理开会，对新考核方法进行介绍和说明。已经到了开会时间，部门经理才三三两两来到会议室。开会时，大家并不专心听何帆的讲解。生产部经理边听边拿出要出货的订单盘算着，而财务部经理则拿起不停响铃的手机听着、说着，还不时地问问旁边的采购部经理一些数据。何帆讲解完毕，希望经理们提出问题和意见，但是大家的回答很含糊，有的说“行”，有的则回答“差不多”。会议就这样结束了。

按计划，第二天何帆向各部门收到要求填写的最新的岗位说明书。问题就来了：生产部和采购部提交的岗位说明书，填写的内容与以前一模一样，昨天的会议上不是明明白白地说了这些职务的职责有了变化吗？财务部经理则说自己忙还没有填写，也不知道要忙到什么时候才有空。何帆于是要求生产部和采购部重新填写，并要求财务部经理尽早完成。等了两天，未见有任何动静，何帆终于忍不住找到了董事长汇报。董事长说：“财务部经理也没交？哦，他可能比较忙，你直接问他好了。”

好不容易完成 360 度考核表格设计、填写、数据汇总，何帆向被考核者发放了考核结果。结果，市场部的一名主管对自己的考核结果不满，向何帆投诉，认为同部门的个别同事对自己心怀不满，在考核时有报复行为，故意打低分，导致他的绩效考核结果与往月相比，差别非常大。何帆调查后发现，这名主管的确在过去两个月与部门的多位同事有过非常不愉快的争执，而且这次他的绩效偏低，也的确与同事给出的低分颇有关联。问题是，同事给出的低分是否与上一次的冲突必然相关？何帆无法查证。更让人泄气的是，部门经理普遍抱怨 360 度考核大大增加了他们的管理工作量，从考核开始到结束，所耗费的时间是之前的 2 倍多，给他们原本就近于超负荷的工作增加了不必要的负担。

何帆一直在思考：问题出在哪里？

问题：

1. 公司实施360度考核受阻的原因是什么？
2. 何帆实施360度考核时存在哪些不足？
3. 360度考核应如何与其他绩效管理工具相结合？

第五章　实施绩效沟通

实训目标

1. 学习和了解绩效沟通的重要性；

2. 了解并掌握常用的绩效沟通方法、原则、流程；

3. 提高绩效沟通的实践效果；

4. 通过小组作业展示和交流，提升沟通表达能力、团队合作能力、解决实际问题的能力。

知识储备

一、选择绩效沟通媒介

在绩效沟通过程中，除了传统的内部信息沟通方式外，企业可以选择多种网络沟通方式，使绩效结果能够准确、高速地传递给被考核者，并且能很快地形成反馈，有利于提高组织的工作效率。

1. 企业资源计划系统

企业资源计划（ERP）系统是通过系统化的管理思想，将企业的资金流、物流、信息流、工作流加以组合集成，进行资源优化配置，为企业员工及决策层提供决策手段的管理平台。其核心思想是供应链管理，主要表现形式有订单执行过程审批，单据的生成、引入、推出等，数据的查询及报表等。基于 ERP 的绩效管理系统通过灵活的接口程序与门户系统、生产系统、营销系统实现了外部集成，并在此基础上实现了业务的整合。同时，绩效管理模块与 ERP 人力资源系统其他模块，如组织人事、薪酬模块，实现了数据紧密集成，有助于绩效管理实现真正的按绩效付酬，人力资源系统组织结构与薪酬管理都在线上操作，组织结构、人员变动一旦调整，与其相关的绩效管理关系也随之调整，可以保证数据的实时更新和动态管理。

2. 办公自动化系统

办公自动化（OA）系统可以优化现有的管理组织结构，调整管理体制，在提高效率的基础上，增加协同办公能力，强化决策的一致性。OA 系统立足于解决企业日常办公业务、事物、协作等信息在企业内部各部门、群体以及个人之间进行实时、高效、可控和共享的沟通处理需求。其主要表现形式有考勤及考勤数据生成、办公审批、费用审批、财务审批、日志、周和月的总结计划、指令、数据统计、企业网盘等。OA 系统通过信息发布、通知公告、业务专栏、情报通信和邮件系统等模块，向企业所有员工传达、发送有关科研生产、经营管理、最新通知、企业动态、规章制度等信息，为各级员工提供了一个高效和畅通的沟通平台。通过系统发布的各种信息资源，既能上通，也能下达，加强了人员的管理与沟通。

3. 即时通信

即时通信是一种基于通信或互联网的即时交流消息的业务。一些 OA 系统及其他软件也开发嵌入了如企业微信等即时通信。在即时通信中，各种工作群如 QQ 群、微信群以及企业的即时通信系统等都是重要的沟通形式。其中，企业即时通信系统满足了企业内外协作、管控方面的需求，其账户由企业管理员统一申请，并按照企业的通信架构分层级清晰显示，可以与其他通信手机完全融合，实现单点登录，如视频会议、协同办公、短信平台、在线客服、网络监控等。企业即时通信一方面隔离了所有与工作无关的娱乐功能，另一方面配备了丰富的互联网办公工具，如离线文件传送、共享、在线截图、企业短信发送、多人群组文字、远程协助、视频语音会议等，为员工打造了一个纯粹的企业沟通协作平台，提高了工作效率。企业即时通信还能够通过开放的第三方接口将企业其他业务系统融合进来，如 OA 系统、ERP 系统、客户关系管理（CRM）系统、流程审批系统等，消除企业的信息孤岛效应。

二、注重网络沟通的规则和礼仪

借助计算机网络实现绩效沟通时，使用者具有不同的文化、经济、教育背景，为了表示尊重对方，展现自己使用网络的负责态度以及避免带给对方使用网络的不便及无意间产生的误解，应注意遵守网络沟通的规则和礼仪。

1. 电子邮件沟通

（1）发邮件或回邮件时要写邮件主题。邮件主题帮助收件人在第一时间了解邮件的大致内容，提高邮件的打开率。

（2）回复邮件时注意收信人（直接收信人以及抄送收信人）。有些邮箱地址看起来像是个人，但是实际上会发一个群组。当邮件内容仅需两人交流所知或转为私人对话时，不要再抄送其他人。

（3）谨慎使用幽默性或讽刺性的语言。收信人很可能具有不同的文化背景，有可能理解不了发件人的幽默，而且很可能日期、计量单位、俗语的使用方法不同，发信人一定要多加小心。

（4）控制回复邮件的时间。收信人应根据邮件的内容性质以及发件人，在 24 小时内或 48 小时内回复。发件人要给对方时间回复邮件。

（5）邮件的签名跟名片具有一样性质。发件人只需要把自己最常用的联系方式列出来，须控制签名长度。

2. 线上聊天交流

（1）使用者应在工作群组中备注自己的姓名（中文或英文），因为真实姓名可以增加个人的真诚度和可信度。

（2）使用者在主动添加别人时，应在好友验证里面说明添加目的。对方接受好友请求后，使用者应主动介绍自己。

（3）使用者在发送语音消息前，应提前询问对方是否方便接收，在工作环境中尤为注意。使用者不应一次发送很多条语音消息，并应尽量避免在群组中发送语音消息。

（4）使用者应注意表情包的使用和聊天语言规范。使用者应了解聊天语言背后的含义，注意标点符号的使用，单独发送标点符号会让人有不同的解读。

（5）回复消息宜限定在 24 小时内，也应给对方一天的时间回复自己的消息。另外，使用者不要在早上 9 点前或晚上 9 点后给别人发送工作信息，除非是迫不得已或对方明确表示需要特殊时段发送。

三、加强员工情绪管理

情商（emotional intelligence，EQ）也称为情绪智力，包括五个方面的内容，即认识自身的情绪、管理自身的情绪、自我激励、识别他人的情绪、处理人际关系。在绩效沟通中，管理者要重视对由企业员工正在面临的工作和任务所引发的情绪进行有效的管理与调节，还不能忽视对由与当前工作和任务没有直接关系的环境因素所引发的员工情绪进行适当的控制，以最大限度地发挥即时情绪对员工绩效的积极作用，并尽可能地避免消极影响。

一般来说，由当前的工作和任务所引发的情绪很难避免，因为这些工作和任务通常都是员工必须完成的，是由企业的利益与目标所决定的。尽管如此，管理者仍然可以通过改进工作模式、改善工作环境和提高员工调节情绪的能力等方式对其进行适度调整，发挥此类即时情绪的积极作用，尽量减小其对员工工作的负面影响。由与当前工作和任务无直接关系的环境因素所引发的情绪则相对较容易调节和控制，只需尝试改变那些引起员工不良情绪的环境因素即可。这些环境因素大致可以分为物理环境、人文环境、员工生活。

1. 物理环境

工作场所的物理环境，如灯光、温度、湿度、声音都会影响员工的情绪。舒适的工作环境能激发员工的正面情绪，淡化负面情绪。工具的适用性、设施布局的合理性也会对作业层员工的情绪有所影响。如果工具设计合理，可以大大提高工作效率，员工就能相对轻松地完成工作，进而出现不良情绪的概率就减小。如果设施布局不合理，员工负荷就会增加，则抱怨和不满情绪也会随之而来。

2. 人文环境

工作上的角色冲突、多头领导、人际关系不良会导致员工心理失衡、士气低落、能力得不到发挥、不被重用、个人付出与报酬不成比例等问题，而这些问题也都会导致组织内员工产生负面情绪，并最终降低工作效率。这就要求组织时常对这些问题进行细致的调查与分析，找出那些可以改善的方面，并通过具体的人力资源管理过程加以解决。此外，员工在工作中的情绪很可能会被身边同事或客户的情绪所感染和同化。情绪具有传递性，无论是正面情绪还是负面情绪都会具有扩散效应。对此，企业应教导员工，首先识别自己的不良情绪，进而竭力避免在其他员工面前把它们表现出来；同时，还应为员工设立既可以发泄不良情绪又以可保护其隐私的情绪宣泄专用场所。

3. 员工生活

员工生活问题所引发的情绪会大大影响员工的工作绩效。尽管企业不能过多干涉员工的私人生活，但还是可以通过教育和培训，提高员工的情绪智力，使员工更好地管理和调节由私人生活引发的不良情绪，降低不良情绪对工作的消极影响。

四、构建绩效申诉机制

在绩效考核的过程中，由于受到主客观因素的影响，可能会出现评价不准确的情况。一种情况是由于评价主体方面的因素，如对评价不够重视、受不正当动机和目的的支配等致使评价结果不准确，甚至出现营私舞弊、打击报复等不正当行为；另一种情况是由于客观上评价因素的影响，如评价标准模糊、绩效信息不精确等导致的评价不公平。绩效申诉机制可以为解决这些问题提供一种纠错机制，由评价对象将上述问题反映到企业内部负责绩效申诉的部门，由相关部门查实纠正。企业在纠正评价结果的同时，还要采取相应措施避免类似情况再次发生，从而对企业绩效考核系统不断加以完善。

1. 设置申诉受理机构

人力资源部是企业绩效评价工作的组织者和实施者，因此企业可以将人力资源部设置为企业绩效申诉的一级处理机构，负责绩效评价申诉的具体工作，受理各级各类员工或部门（团队）的一级绩效评价申诉，并及时予以处理和答复。绩效管理委员会是企业绩效评价工作的领导者和监督者，因此企业可以将绩效管理委员会设置为企业绩效申诉的二级处理机构，负责绩效评价申诉的业务指导，受理各级各类员工或部门（团队）的二级绩效评价申诉，并作出最终裁决。绩效管理委员会的成员主要由企业的工会代表、职工代表、企业代表三方组成。

2. 确定申诉参与主体

申诉参与主体包括申诉方、被申诉方、申诉第三方。申诉方是指已经接受了绩效评价，但对评价主体的评价工作持有异议，向绩效管理机构提起申诉的员工或部门（团队）。被申诉方是指评价主体，既有可能是评价对象的上级，也有可能是其下级、同级。申诉第三方是指虽然没有参与绩效评价活动，但评价结果会对其利益产生影响的其他个人或部门（团队）。

3. 界定申诉范围

绩效申诉范围主要涉及评价方法、评价指标、评价主体、评价方法、评价结论等方面。评价对象对评价结果不服，或者认为评价主体在绩效评价中采用的评价方法不当，或者认为评价指标和评价标准存在严重不科学性和不合理性，与本部门和岗位的工作实际出入较大，并直接造成评价结果的不公正，或者认为评价主体采用的评价信息有误，都可以向申诉处理机构提起申诉。

4. 设计申诉流程

员工绩效申诉流程如图 5-1 所示。

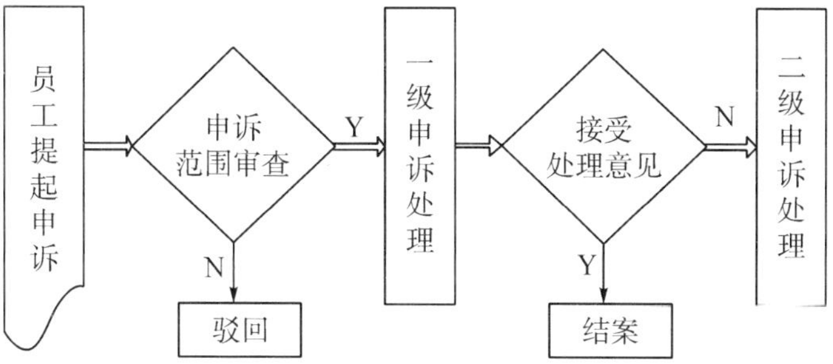

图 5-1　员工绩效申诉流程

从员工提起申诉直至二级申诉处理，每一个步骤都应当设定时限，使申诉能够顺利完成。申诉的相关信息，除有明确规定需要保密外，都应该公开，最终的申诉处理结果也必须要公开。

实训项目一　新媒体选用

实训目的

1. 掌握新媒体的不同形态构成。
2. 完成绩效沟通的新媒体选用实践。
3. 学会使用 office 或其他绘图软件，掌握图表的绘制。

实训内容

1. 以小组为单位，选择一个岗位（团队、部门）作为演练对象，小组成员自行分配角色，讨论设计故事情节。
2. 完成实训报告，并以模拟演练的形式在课堂进行交流汇报。
3. 由学生和教师进行提问，进行成绩评定。教师和学生代表的评分各占总分的 50%。

评分要点

1. 绩效沟通过程完整，新媒体形态应用得当，实训报告制作规范。
2. 小组成员模拟演练认真负责，言谈举止符合角色要求，相互配合得当。
3. 能准确回答教师和学生提出的问题。

实训报告

参考资料 1

你是网络沟通的高手吗?

（1）你在回复朋友的邮件时，会在主题栏里（　　）。

A. 根据具体内容重新撰写一个标题

B. 习惯使用英文标题

C. 总是用 Re、Re……代替

（2）你认为电子邮件内容的篇幅应该是（　　）。

A. 越短越好

B. 越长越好

C. 不计长短

（3）有一个你认为很重要的邮件，于是你会（　　）。

A. 给客户发送一份，然后打电话通知对方你已经向他发送了邮件

B. 等待两天，如果没有得到回复，再发送一次

C. 为了让对方及时收到，一连将相同内容的邮件发送几次

（4）你对自己的电子邮箱会做出的处理是（　　）。
A. 每天打开邮箱查看一次，及时处理所有邮件
B. 每周打开邮箱查看一次，对全部邮件进行处理
C. 想起来就查看一次，有些邮件不必回复
（5）你在发送电子邮件前保持的习惯是（　　）。
A. 发送前再认真检查一遍，确认无误后再发出
B. 为了节省时间、提高效率，写完后立即发送出去
C. 将收件人地址核对准确，信件内容不必检查
（6）你是否喜欢在邮件里和好朋友开玩笑？（　　）。
A. 是的，因为我们关系很好
B. 是的，但在每次开玩笑时都标明“开玩笑”
C. 不是，开玩笑容易被误解
（7）你用 QQ 聊天时，对方夸大事实，并且撒谎，你会（　　）。
A. 讨厌撒谎的人，立即拆穿他的谎言
B. 只要不是恶意的欺骗，没必要拆穿谎言，继续正常聊天
C. 不必拆穿谎言，但从此不再与他聊天
（8）你与普通网友的 QQ 聊天方式是（　　）。
A. 对方问一句，你答一句，很少主动开口
B. 主动发问，不放过任何问题，包括对方的年龄、工资等
C. 保持主动，但有些个人隐私问题必须回避
（9）遇到想深入交往的网友时，你会（　　）。
A. 礼貌地请求加其为好友，如被拒绝就不再打扰对方
B. 加其为好友，并索要对方照片
C. 请求加其为好友，没有得到回复就再三提醒
（10）你与普通网友聊天时，对“真诚相待”的理解是（　　）。
A. 网络是一个虚拟世界，不可与任何人实话实说
B. 反正谁都不认识谁，说实话也无所谓
C. 以真诚为主，但不能什么个人信息都公之于众
记分规则如下表所示。

记分规则　　单位：分

选项	题号									
	（1）	（2）	（3）	（4）	（5）	（6）	（7）	（8）	（9）	（10）
A	3	3	3	3	3	1	1	2	3	1
B	2	1	2	2	1	2	3	1	1	1
C	1	2	1	1	2	3	2	3	1	3

测试结果如下：

10~15 分为列兵级交流者，代表你对网络交流艺术掌握较少，甚至还不清楚最起码的交流知识，在网络空间里不会受他人欢迎。你应该认真研究一下相关学问了，否则怎么能成为一个“将军”呢？

16~29 分为尉官级交流者，代表你在网络交流艺术方面还有一些欠缺，尚需要进一步努力，才能成为一个真正的网络交流高手。

30 分为将军级交流者，代表你完全是一个网络交流的高手，你在网络世界里会左右逢源，游刃有余。

参考资料 2

新媒体沟通形态

新媒体是报刊、广播、电视等传统媒体以后发展起来的新的媒体形态，它利用数字技术、网络技术，通过互联网、宽带局域网、无线通信网、卫星等渠道以及电脑、手机、数字电视机等终端，向用户提供信息和娱乐服务的传播形态。新媒体形态包括网络（Web）1.0 时期的门户网站、分类搜索、即时通信，到 Web2.0 时期的博客、播客，再到移动互联网支持下的手机电视、手机游戏等。

不同的沟通媒体形态影响了员工的工作绩效。不同媒体沟通形态和人们对其所传递的信息的接受状况存在很大的差异，选择与信息处理任务相匹配沟通媒体可以提高工作绩效。适用于企业员工绩效沟通的新媒体形态主要有电子文本（如电子邮件、电子公告等）、音频（如手机、电话等）、视频（视频会议等）、共享空间（工作流软件等）等多种形态。以微信、微博、QQ 三种即时通信软件作为新媒体沟通介质，以电子文本、语音、视频和共享空间四种形式作为不同的沟通形态，其对沟通效果的影响是不同的。不同的新媒体沟通形态具有不同的媒介丰富度和信息处理能力。其中，各新媒体沟通形态的媒介丰富度排序为：视频>音频>电子文本>共享空间。信息处理能力的排序为：共享空间>电子文本>音频>视频。

为了提高整体沟通效果，管理者可以加强以下几个方面的管理，并采取相应措施。一是进一步加大新媒体沟通形态的使用程度，团队尽可能实现虚拟化沟通，提高新媒体沟通形态的运用效率，并在技术应用方面为团队成员提供必要的培训。二是鼓励团队成员运用新媒体交流工作信息，提高其沟通技能，激发其沟通的积极性，明确各自的责任，使其主动为团队提供或分享有用的信息和建议，及时获悉团队成员的工作进展和情况；三是鼓励团队成员多采用新媒体沟通形态进行非正式沟通，非正式沟通可以将团队成员间的沟通延伸到私人领域，加深团队成员间的相互了解，体会其他成员的真实感受与想法，增进彼此的感情与理解程度，从而使其在传递信息的过程中降低对信息的误解程度，提高团队整体的信任程度及凝聚力。

实训项目二　情商提升培训

实训目的

1. 确定自己的沟通模式。
2. 完成情商提升培训。
3. 学会使用 office 或其他绘图软件，掌握图表的绘制。

实训内容

1. 以小组为单位，选择一个岗位（团队、部门）作为演练对象，小组成员自行分配角色，讨论设计故事情节。
2. 完成实训报告，并以模拟演练的形式在课堂进行交流汇报。
3. 由学生和教师进行提问，进行成绩评定。教师和学生代表的评分各占总分的 50%。

评分要点

1. 情商提升培训过程完整，实训报告制作规范。
2. 小组成员模拟演练认真负责，言谈举止符合角色要求，相互配合得当。
3. 能准确回答教师和学生提出的问题。

实训报告

参考资料 1

管理者如何提升情商

一名管理者需要对下属施加影响，需要不断与他人进行交往，而且要经常面临有压力的情景，这些活动都离不开对情绪信息进行加工和处理的能力。管理者可以通过以下途径来提升情商，使自己拥有管理的利器，成为一名成功的管理者。

一、善于通过非言语信息识别他人情绪

善于识别他人情绪，是有效沟通和交往的基础。因为个体的情绪表达不仅通过言语信息表达，还通过非言语信息表达。如果个体在沟通中只关注他人的语义信息，则很容易误解其中隐含的其他内容。以下三个方面的非言语信息可以帮助个体有效识别他人情绪：面部表情，说话时的声调、节奏和语气，身体姿势。例如，一个人在说话或倾听时，非常直接地看着你，往往意味着他们对你抱有积极的情感。如果对方不同意你的观点或不喜欢你，则不会有非常多的直接目光接触。如果管理者缺乏通过他人表现出来的细微线索认知他人情绪的能力，在与他人进行沟通和交往时将会遇到困难。

二、增进对情绪与认知过程之间关系的认识，提高运用情绪的能力

人的认知过程与情绪是紧密关联在一起的。一位具有高情绪智力的管理者，能够使自己的情绪适合情景的需要，以利于工作的完成。一般来说，人在不同的情绪下，适合从事不同的认知活动。例如，当个体处于积极的情绪中，处理问题更加灵活，更富有创造性，适合处理归纳推理性的问题；相反，当个体情绪低落时，则更富有批判性，更关注细节，适合做审查性和演绎推理性的工作。个体决策是理性和情绪的共同结果。因此，只有管理者对自己的情绪以及情绪对认知活动的影响作用有一个清晰的认识，才能够做出更为合理的决策。

三、增加关于情绪方面的知识，提高对情绪的表达和理解能力

情绪方面的词汇是非常丰富的。例如，与害怕有关的词汇有恐惧、恐怖、害怕、畏惧、担心、忧虑、敬畏、可怕等。个体对这些词汇的掌握程度是有差异的。如果缺乏情绪方面的词汇，将会降低个体表达与理解情绪以及与他人进行深入沟通的能力。

四、增进对情绪产生的原因以及将会导致结果的认识，提高情绪的理解能力

一般情况下，情绪的产生与转化遵循某种固定的规则，理解这些规则能够帮助管理者对情绪产生的原因以及将会导致的结果进行正确的推理和预测，从而帮助管理者做出正确的决策，采取正确的行为。如果管理者能够了解产生某种情绪的原因，他就会知道在当前情绪状态中，什么原因是重要的影响因素，从而能够发现问题所在，找出解决问题的方法。

五、善于选择合适途径缓解不良情绪，提高对自身情绪的调控能力

由于工作紧张、人际关系复杂等多方面原因，管理者往往工作压力较大，作为一名成功的管理者，应该善于选择合适的途径，缓解自身的不良情绪。缓解不良情绪的方式有多种，如做运动、听音乐、写日记等。有氧运动包括跑步、快步走、游泳、打羽毛球、篮球等。写情绪日记是通过把自己内心深处的感受和情绪写出来，深入分析该情绪产生的原因以及由此所得出的经验等来缓解不良情绪。个体应该对自身情绪有一个开放的心态。情绪能够告诉个体许多有用的信息，个体对自身的情绪体验最好不要进行屏蔽。

参考资料 2

您的沟通模式是什么?

一、人际沟通的模式

人际沟通主要有以下四种模式：

1. 消极被动型（唯唯诺诺型）

如果个体在人际沟通方面是一个消极被动型的人，往往会压抑自己的情绪，而不是进行表达。采取这种做法一般是出于害怕的心理，如害怕自己会伤害他人、害怕对方一气之下和自己断绝来往等诸如此类的想法。

比起因为直言不讳给别人留下坏印象，压抑自己的情绪不吭声，似乎要更容易一些。这种心态倒是很好理解，因为大多数人都害怕面对矛盾，不想失去朋友。但是被动沟通的结果往往是自己的情感受到伤害，权益也遭到侵害。而且这样的做法暗示着个体根本不重视自己的需求，长此以往，便会对自身以及相互关系产生负面影响。由于长期屈从于别人，按照别人的方式行事，自己的需求一直得不到满足，个体会因此感到失败、沮丧和恼怒，并心生一股怨气。当怨气积累到一定程度的时候，个体会觉得自己再也无法忍受这段关系了，要么怒不可遏，与对方大吵一架，亲自摧毁这段令自己痛苦的关系；要么悄悄地逃跑，远远地躲开对方，再也不与对方联系。总而言之，这是一种沟通效率很低的模式。

2. 攻击型（咄咄逼人型）

攻击型的人表达自我的时候容易显得盛气凌人，会摆出想要操控一切的架势，令人难以接近。攻击型的人说话时喜欢咆哮、骂人，常常还会扔东西，并且威胁对方。这样的人只关心怎样才能达到自己的目的，丝毫不在意自己的行为会对别人产生什么影响。霸凌者就是一种攻击型的沟通者，他们说话很直接，同时充满了压迫感并具有攻击性。以这种方式进行沟通的人，通常会让别人感觉压抑、怨恨，甚至令人望而生畏。攻击型的人也许能达到自己的目的，不过却是以妨碍他人为代价的。

攻击型的沟通模式通常有两个来源：第一个来源是强烈的对错感，认为事情应该怎样就是怎样，当别人的行事方式违背他们的意愿时，他们就会暴跳如雷；第二个来源是希望能够控制整个人际交往活动，当人际交往没有按照自己期望的方式发展的时候，他们就会感到生气和愤怒。

用这种模式进行沟通的人，自己也会付出代价，因为他们往往会对自己的所作所为感到内疚和惭愧，并受到惩罚。攻击型的沟通方式丝毫不懂得尊重他人，叫人难以忍耐，可能导致攻击型的人失去非常重要的朋友。

3. 被动攻击型

被动攻击型的人通常不会直接表达自己的看法，原因也是出于害怕，如害怕冲突、害怕对方的反应等。被攻击型的人会用比较隐蔽的方式表达情绪，如冷嘲热讽、不吭声、摔门而出之类。人们常常把这种人称为“蔫儿坏”。被动攻击型的沟通者用不着说话就能让别人理解其意思，但是这样的沟通方式对于人际关系也有很大的破坏性。被动攻击型的人传达信息的方式常常拐弯抹角和模棱两可——嘴里这样说，表达的意思却正好完全相反。

4. 自主型

自主型的沟通模式是最健康的、最高效率的。自主型沟通者是用一种清晰、诚恳且恰当的方式表达自己的想法、感受和意见。自主型沟通者既尊重别人，也懂得自尊。自主型沟通者在考虑自己需求的同时，也会将心比心，把别人的需求考虑在内。自主型沟通者还会倾听他人的意见，进行协商，人们通常愿意与这样的人交往合作，自主型沟通者也能在交往过程中获得好处。当个体用自主型的沟通模式与别人沟通时，对方会感觉受到了尊重和重视，自然也会用同样的方式对待对方。

到目前为止，自主型的沟通是世界上最完美的沟通技能。

二、确定自己的沟通模式

想要改变某种沟通模式，首先需要确认自己习惯使用的是哪一种沟通模式。下面列出了一些陈述，个体可以判断自己习惯使用的沟通模式。个体可能会看到自己的行为有时与下面的某些描述是相符的，请在相符的句子前面打钩，打钩最多的，可能就是常用的沟通模式。

1. 消极被动型

○ 我总是逃避自己的感受，而不是直接进行表达。

○ 我担心表达自己的感受会让别人生气，而且对方可能因此而讨厌我。

○ 我发现自己常常说“我不在意”或“我没关系”，虽然实际上我很在意，而且感觉关系重大。

○ 我尽量不当“捣乱分子”，不希望让人家觉得我很烦，所以总是保持安静。

○ 我不愿意显得与众不同，所以常常随大流。

2. 攻击型

○ 我与人沟通时总是显得很嚣张，比如会大喊大叫、骂人之类的。

○ 朋友们都很怕我。

○ 我只考虑怎样满足自己的需求，从不关心对别人会有什么影响。

○ 只要自己的需求得到了满足，我可不关心别人有什么需求。

○ 我常听人家说我是个“颐指气使”的人。

3. 被动攻击型

○ 在跟别人谈话时我总是冷嘲热讽。

○ 生气的时候我常常不理人。

○ 我发现自己嘴里说一套，心里想的却是另外一套。

○ 我一般不愿意用语言表达情绪，而是用一些显得咄咄逼人的行为，比如摔门而出。

○ 我害怕直接表达自己的看法会叫别人生气，担心对方因此而讨厌我，所以我总是用隐蔽的方式表达自己的意愿。

4. 自主型

○ 我相信我有权利表达自己的观点和情绪。

○ 与别人产生分歧时，我会清楚明白，并且诚恳地表达自己的意见和情绪。

○ 与别人沟通时，我会用尊重的态度对待对方，同时也这样对待自己。

○ 我仔细倾听别人的观点，让对方明白我正在努力理解他们的立场。

○ 当与别人有着不同的目标时，我会尽量进行协商，而不是仅仅关注自己的需求是否得到满足。

比较自己在各个项目中打钩的数量，也许个体会发现自己一般只使用其中一种沟通模式，也可能发现自己根据不同的情景和沟通对象使用过以上几种模式。只有先理清自己的沟通模式，才能努力朝自主型沟通模式的方向前进。

实训项目三　绩效反馈面谈

实训目的

1. 掌握绩效反馈面谈的目的和原则。
2. 设计绩效反馈面谈的流程。
3. 完成绩效反馈面谈的实践应用。
4. 学会使用 office 或其他绘图软件，掌握图表的绘制。

实训内容

1. 以小组为单位，选择一个岗位（团队、部门）作为演练对象，小组成员自行分配角色，讨论设计故事情节。

2. 完成实训报告，并以模拟演练的形式在课堂进行交流汇报。

3. 由学生和教师进行提问，进行成绩评定。教师和学生代表的评分各占总分的 50%。

评分要点

1. 绩效反馈面谈过程完整，实训报告制作规范。
2. 小组成员模拟演练认真负责，言谈举止符合角色要求，相互配合得当。
3. 能准确回答教师和学生提出的问题。

实训报告

参考资料 1

不同类型员工的绩效面谈技巧

员工类型	员工特点	面谈技巧
绩效好	○ 表现好 ○ 有较强的个人发展欲望 ○ 自信、要求晋升或加薪	◇ 鼓励、认可，多了解其做得好的典型行为，以便向其他员工推广 ◇ 多花一些时间了解其未来发展规划 ◇ 不轻易做出晋升或加薪承诺
绩效一般	○ 个人动能不足 ○ 现有职位不适合 ○ 工作方法不正确	◇ 充分肯定员工能力，采用激将法 ◇ 分析适合其能力和兴趣的职位 ◇ 分析哪些方面可以改进
绩效差	○ 自卑、破罐子破摔 ○ 不认为自己绩效差	◇ 分析绩效差的具体原因，不要一概归咎于个人原因
雄心大于能力	○ 很强的成就动机，有很多未来的设想和规划	◇ 用事实向其表明现实的差距，不能一味泼冷水，帮其制订现实计划

续表

员工类型	员工特点	面谈技巧
沉默内向	○ 不主动交流自己的想法，表现紧张、冷漠、矜持	◇ 多提开放性问题，使其多表达，多征求其看法

参考资料 2

教练技术的 GROW 模型

GROW（Goal、Reality、Options、Will）模型来源于企业教练专家约翰·惠特默的《高绩效教练》，是一种教练技巧，也是一种沟通形式。GROW 模型的内涵如下：

Goal，即目标设定。你想要什么？代表确定员工绩效目标。

Reality，即现状分析。你现在在哪儿？了解客观事实是什么。

Options，即方案选择。你能做什么？代表寻找解决方案。

Will，即行动意愿。你将要做什么？代表制订行动计划。

一、目标设定

管理者必须首先明确员工应该履行或实现的绩效目标，确认其现有行为和工作结果与目标的差距，进而实施绩效诊断和辅导。目标设定除了遵循 SMART 原则，还要遵守 PURE 原则、CLEAR 原则。

PURE 原则的内容如下：

Positively Stated：正向的陈述。

Understood：能被理解的。

Relevant：相关的。

Ethical：道德的。

CLEAR 原则的内容如下：

Challenging：挑战性的。

Legal：合法的。

Environmental Sound：环保的。

Appropriate：适宜的。

Recorded：被记录的。

二、现状分析

绩效具有多因性特征，快速有效地诊断问题必须对影响绩效的因素有所了解。一个员工的绩效优劣可能不取决于单一因素，并且在不同情景下各因素的影响作用也可能不同，因此应从员工、管理者和环境三个方面分析。

第一，员工方面。员工所采取的行动本身不正确，工作过程中努力不够，或者因为知识、技能不足都可能导致绩效不良。员工对组织、管理者的要求理解有误，或者目标不明确，缺乏激励也可能是绩效不良的原因。

第二，管理者方面。一是管理者做了不该做的事情，比如监督过严、施加不当压力等；二是管理者没有做该做的事情，比如没有明确工作要求、没有对员工给予及时反馈、不给员工提供辅导以及教育和培训的机会等。

第三，环境方面。工作场所、团队气氛等因素，都可能对员工绩效产生影响。这些因素具体包括工具或设备不良、原料短缺、不良工作条件（噪音、光线、空间以及其他干扰等）、同事关系、工作方法等。

三、方案选择

管理者如果发现员工需要改进的地方很多，则最好选取一项重要且容易进行的率先开始。多个问题同时着手，很可能由于压力过大而导致失败。选择绩效改进要点就是综合考虑每个拟定项目所需的时间、精力和成本因素，选择用时较短、精力花费较少以及成本较低的项目，同时要争取员工认可。

选择了绩效改进要点并对影响的因素有了比较清晰的认识后，管理者就要考虑解决问题的途径和方法。员工可以采取的行动包括向管理者或有经验的同事学习、观摩他人的做法、参加企业内外的有关培训、参加相关领域的研讨会、阅读相关的书籍、选择某一实际工作项目、在管理者指导下训练等。管理者可以采取的行动包括参加企业内外关于绩效管理、人员管理等方面的培训，向企业内有经验的管理者学习，向人力资源管理专家咨询等。在环境方面，管理者可以适当调整人员分工、加强交流来改善团队氛围，对工作设备和环境进行改善等。

同时，辅导时机的选择也很重要。以下时机值得参考：第一，当员工需要征求意见时。例如，员工向管理者请教问题或有了新想法想征求看法时，管理者可以在这个时候不失时机地对员工进行辅导。第二，当员工希望解决某个问题时。例如，员工在工作中遇到障碍或难以解决的问题希望得到帮助时，管理者可以传授给员工一些解决问题的技巧。第三，当管理者发现可改进绩效的机会时。例如，管理者发现某项工作可以用另一种方式做得更快更好时，就可以辅导员工采用这样的方法。第四，当员工通过培训掌握了新技能时。如果管理者希望能够将新技能运用于工作中，就可以辅导员工使用这种技能。第五，当面临新的职业发展机会时。例如，管理者发现员工拥有可供开发的潜力，而企业现在恰好拥有新的项目或发展机会，就可以辅导员工争取机会。第六，当员工工作业绩出现问题时。例如，员工工作绩效行为或结果不合标准而其自身尚未发觉，管理者就应及时给予提示和辅导，以纠正其不当行为或改变其错误观念。

四、行动意愿

管理者在制订行动计划时，首先要对员工的工作方法、结果进行及时的评价。这种评价是非正式的，主要是通过描述具体的行为、数据来对照目标进行反馈，提出这些行为、数据可能的影响与后果，在此基础上进行辅导。对于高层员工而言，这种辅导更多是提出建设性的建议；对于基层的员工来说，这种辅导更多是管辅导理者的亲自演示与传授。另外，向员工提供可供模仿的工作榜样也是不错的方法。

实训项目四　管理案例分析

实训目的

1. 了解和掌握绩效沟通的方法、原则和流程。

2. 应用绩效沟通的相关理论和方法，解决管理中出现的问题，提高人力资源管理绩效。

实训内容

1. 认真阅读和思考相关管理案例。

2. 根据案例提出的问题，提出解决方案。

3. 完成案例分析报告，并以 PPT 形式在课堂进行交流汇报。

4. 由学生和教师进行提问，进行成绩评定。教师和学生代表的评分各占总分的 50%。

评分要点

1. 能够理论结合实际，案例分析报告撰写规范。

2. PPT 制作精美，现场展示流畅，小组成员配合得当。

3. 能准确回答教师和学生提出的问题。

管理案例

参考资料 1

狐狸的故事

在森林里，住着一只见识广阔、满腹经纶、在森林里颇有地位的狐狸。这只狐狸熟读理论，常以专家自居，喜欢滔滔不绝地发表长篇大论。

有一天，狐狸外出，遇上了一只从森林外边来的小花猫。闲谈时，小花猫非常仰慕狐狸“才高八斗”，因此便虚心请教。

小花猫问：“尊敬的狐狸先生，近来生活困难，您是怎样度过的?”

狐狸说：“什么？你这只可怜的花猫，每天只会捉老鼠，你有什么资格问我如何生活！真不识抬举！你学过什么本领？说来听听！”

小花猫很谦虚地说：“我只学会一种本事。”

狐狸问：“什么本事?”

小花猫回答：“如果有只狼狗向我扑来，我就会爬到树上去逃生。”

狐狸说：“唉，这算什么本领？我可是精读百科全书，掌握上百种武术，我身边还有满袋的锦囊妙计呢！你太可怜了！让我教你逃脱狼狗追逐的绝招吧！”

说着狐狸想从袋子中寻找妙计。刚巧，这时一群猎人带了四只猎狗迎面而来。小花猫敏捷地一纵身跳上一棵树，躲藏在茂密的树叶中。小花猫大声向惊慌得不知所措的狐狸说：“狐狸先生，赶快解开你的锦囊，拿出脱身妙计来。”

语毕，四只猎狗已扑向狐狸，将它抓住了。

小花猫叹息道：“唉，狐狸先生，你会十八般武艺，却不会使一招半式。如果像我一样懂得爬上树来，你就不会落到这种悲惨的下场了！”

问题：

1. 随着环境的变化，管理者的角色应该如何转变？
2. 绩效沟通中，管理者应掌握哪些沟通技巧？
3. 这则寓言故事的管理启示是什么？

参考资料 2

高情商沟通故事

很多人都听过邹忌讽齐王的故事。说的是战国的时候，齐国有个美男子叫邹忌，有天他想知道自己跟齐国第一美男城北徐公相比谁更美，便先后询问了妻妾和来客的看法。他们纷纷表示邹忌更美。但当徐公来邹忌家里做客时，邹忌才发觉自己比对方差远了。后来，邹忌利用这件小事，委婉地劝谏齐威王广开言路改革弊政，收到了很好的效果。

说到劝谏，当然也绕不开唐代的魏徵。世人都知道，魏徵以敢于直言进谏而闻名于天下。但即使是李世民这样的明君，也受不了魏徵总在大庭广众之下毫不留情地挑他的错，所以魏徵多次惹怒龙颜，以至于有一次李世民大怒道：“总有一天我要杀了这个乡巴佬！”

同样是劝谏“领导”，邹忌能够让对方欣然接受，魏徵却常惹对方动怒，甚至还差一点危及自己的性命。难道一代明君李世民会不知道魏徵的一番好意吗？非也。究其原因，是魏徵总是以客观的事实与李世民据理力争，这无异于是公然挑衅皇帝权威，难免让李世民产生抵触情绪。而邹忌用的“讽谏”——委婉地去启发、开导“领导”，结果自然是皆大欢喜。

问题：

1. 邹忌是一个高情商的人吗？为什么？
2. 管理中应该如何实现高情商沟通？
3. 如果你是魏徵，应该如何实现高情商沟通？

参考资料 3

一次绩效沟通

假设你是公司行政部的经理，年初刚刚上任。张明玉是你上任前半年调到你的部门的，目前负责 A 项目的行政支持和服务。你的前任告诉你，张明玉是公司最早的员工之一，人缘极好，大家都喜欢她。张明玉上年度的业绩考核成绩是良好。你经过观察发现，张明玉的确人很好，为人热心，且积极参加组织各种员工活动，如郊游、慰问活动等。张明玉几乎认识公司的每一个人，有时别人办不了的事情她都能办。你同时也发现张明玉的专业技能很差，外语和计算机都远不能达到她现在的工作要求，甚至她的有些报告需要别人帮忙来做。她对业务的了解也非常肤浅，基本不能向你汇报项目的状况。最重要的是张明玉好像并未意识到这些问题，仍花费大量时间在其他事情上。你决定提前就张明玉的绩效考核结果与她面谈，她五分钟后就会到你的办公室。

问题：

1. 绩效反馈面谈的原则是什么？
2. 如果你是行政部经理，在绩效反馈面谈前应该进行哪些准备工作？
3. 如果你是行政部经理，希望通过绩效反馈面谈达到哪些目的？

第六章　应用绩效结果

实训目标

1. 学习和了解绩效考核结果在企业管理中的应用；

2. 了解并掌握常见的绩效考核结果处理与应用；

3. 提高绩效考核结果应用的效果；

4. 通过小组作业展示和交流，提升沟通表达能力、团队合作能力、解决实际问题的能力。

知识储备

一、精益管理

1. 丰田公司的持续改善

丰田公司构建了员工人力资源管理系统的精益管理模式。所有员工都必须提出针对工作的改进计划。丰田公司的管理人员通过接近流程的员工发现问题，然后由管理人员协助解决问题。不论是小问题的解决还是主要项目的优化，公司各层级问题的解决都能持续地强化人力和技术系统。丰田公司的持续改善如图 6-1 所示。

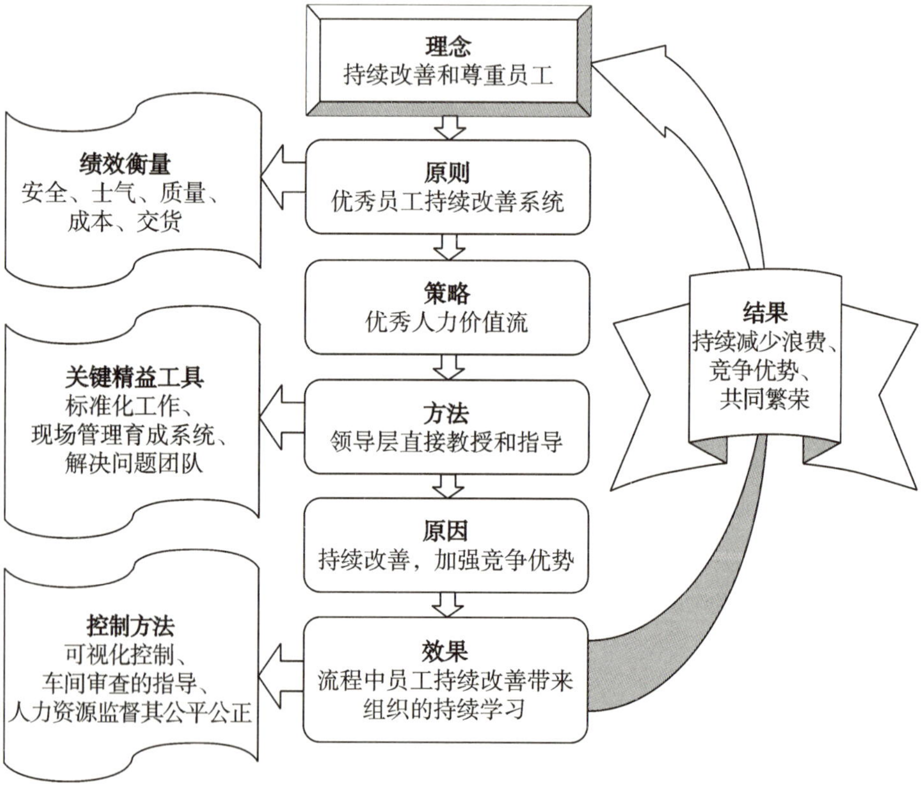

图 6-1　丰田公司的持续改善

丰田公司的持续改善涵盖公司的各个层级的员工，从巨大的改善（如系统性创新），到细微的改善（如工作地点出现的细小改善），都要遵守相同的解决问题程序，只是大的改善需要遵守更正式的程序，需要更严格的数据搜集、分析以及更严格的 A3 格式报备。一般而言，高级管理人员在系统性改善中起主导作用，而工作小组则致力于较小的、局部性的改善。质量圈机制允许计时制员工也参与到较大型的跨流程改善项目中。

如表 6-1 所示，团队成员的主要职能是改进具体程序并提出建议。所有的常规团队成员要在团队的各项工作间进行轮岗，轮岗的好处是其面临的是整个团队的共同问题。团队成员层面的工作涉及部件提供、工具放置以及各种工作援助。多数小的项目只要得到团队领导的认可，就可以在团队内部通过并完成，也可以要求持续性的帮助，但要得到小组领导的同意。团队成员花在经营计划上的时间和精力是很少的，因为那不是他们的主要角色，但他们也与其改进和实施过程联系在一起。

表 6-1　企业不同层级员工在解决问题中的角色

工作分类	解决问题流程	系统 PDCA	经营计划
部门领导	解决问题的形式	系统持续改善	确定企业和部门问题的顺序
经理、助理经理	绩效问题流程	绩效管理流程	确定部门问题的顺序并改善
团队领导、工程专家	操作管理问题	操作 PDCA 及改善	年度计划项目
团队成员	具体流程问题（建议）	流程标准和目标管理	日常工作

团队领导和工程专家既研究具体的程序问题，也解决操作管理问题。在较高的层次上，团队领导也可能在年度计划中（或方针管理）发挥作用，但他们的主要工作就是设定自己团队的目标并为实现该目标做出日常规划。在小组领导和团队领导层次上，发展和训练解决问题的能力是每位管理人员工作的核心。他们的时间都用于让系统突出问题，并训练员工利用解决问题的程序来解决这些问题。

当一个人被晋升为管理人员后，其花在程序问题上的时间就减少了，花在系统 PDCA 上的时间增多了，甚至将更多的时间用在了他们领域内的经营计划上。部门主管仍然会参与程序问题的解决，但还要找出“典型”以尽快将其视作系统性的 PDCA，该典型还可能最终成为公司经营计划的重点。

2. A3 管理

在丰田公司中，针对需要解决的问题，参与人员用一张 A3 大小的纸来阐述和说明。A3 管理的基本思想遵循一个公认的逻辑、清晰的格式和措辞，引导参与人员遵循 PDCA 循环。A3 管理包括下列要素（见图 6-2）。

（1）标题：指出问题、主旨（议题）或事件。

（2）负责人/日期：指出问题归哪个人负责及最新修改日期。

（3）背景：介绍业务背景和此问题的重要性。

（4）当前情况（现状）：描述当前所了解的情况。

（5）目标：确定期望获得的结果。

（6）分析：分析造成现状和期望结果之间的差距和潜在原因。

（7）建议和对策：提议处理问题、缩小差距或达到目标的一些整改措施或对策。

（8）计划：行动计划，包括谁来做、做什么、什么时间做。

（9）跟进：建立跟踪（学习）的流程，并计划遗留问题的解决。

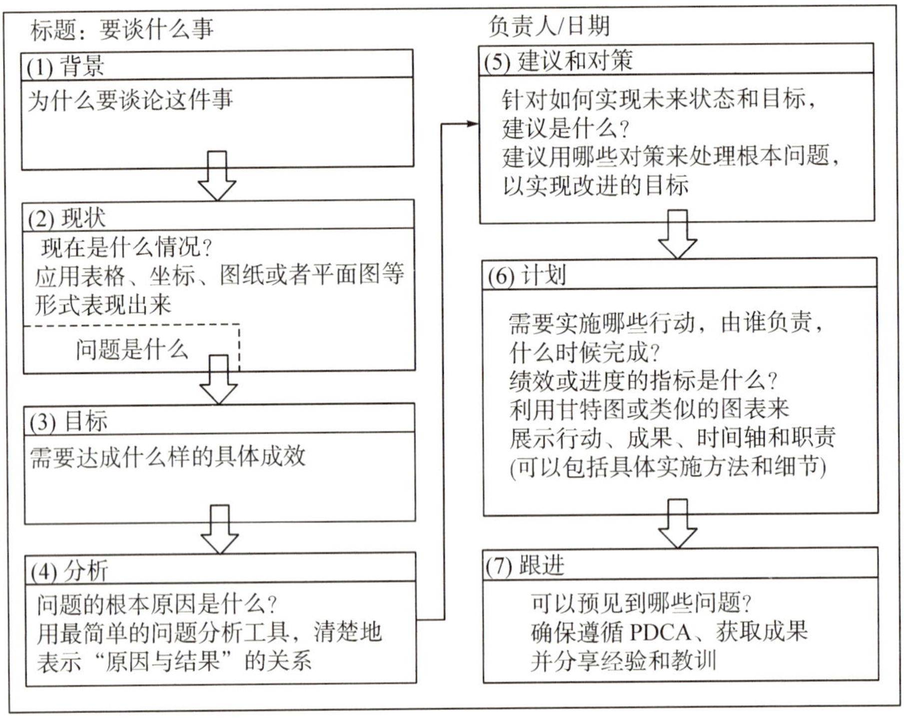

图 6-2　A3 管理

A3 管理的要素遵循自然的逻辑顺序。其连接非常清晰易懂，包括问题的根本原因、目标和为达成目标而提出的行动建议以及判断是否成功的方法等。A3 管理的格式和目标可以由以下一系列问题来引导：

（1）问题或事情是什么？

（2）谁是这个问题的负责人？

（3）问题的根源是什么？

（4）哪些是可能的对策？

（5）如何决定选择哪些对策？

（6）如何与相关人员达成共识？

（7）实施计划是什么（谁做、做什么、什么时候做、在哪里做、怎么做）？

（8）怎么知道对策是否有效？

（9）估计有哪些需要跟进的事情？哪些问题可能会在实施过程中发生？

（10）如何记录和分享学习到的经验？

二、全面薪酬

全面薪酬是一种资源分配计划，提供了一种更广阔的视角来看待组织可以向员工提供的以及员工对组织所能承诺的一切。全面薪酬超越了传统薪酬体系，囊括了工作场所提供的所有报酬，为挖掘组织发展潜力提供了机会。

1. 全面薪酬的内涵和特点

全面薪酬包括经济性薪酬和非经济性薪酬（见图 6-3）。经济性薪酬可分为直接经济性薪酬和间接经济性薪酬。直接经济性薪酬是用货币给付的薪酬，能有效满足员工的物质性需求，包含基本工资、可变薪酬、绩效奖金、加班津贴、利润分享、股票期权等。间接经济性薪酬是不以货币给付但可用货币衡量的非现金形式的报酬，如就业保险、医疗费用支付、福利性薪酬、社会救助等。

非经济性薪酬包括组织提供的学习培训机会、重大决策参与权、良好的工作环境、领导的支持、科学的职业规划和个人发展、工作与生活的平衡等，是对经济性薪酬的补充。

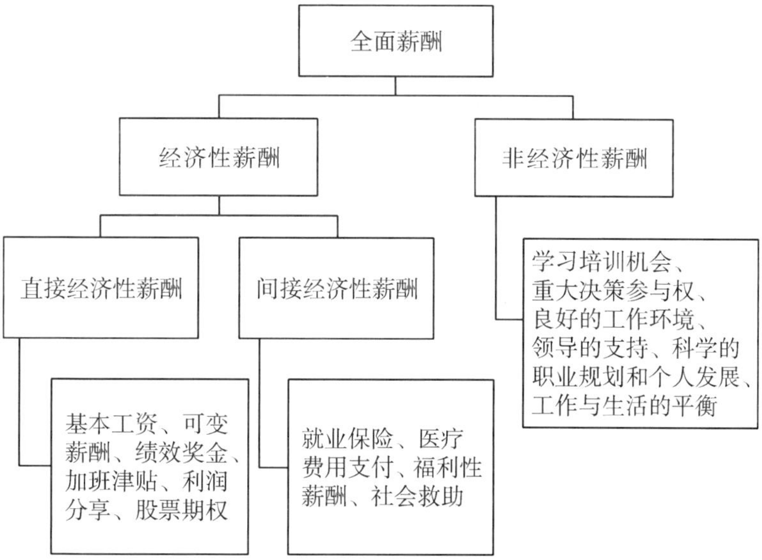

图 6-3 全面薪酬的内涵

全面薪酬以员工为导向，不仅具有传统薪酬体系的补偿、激励、监管功能，而且由于综合考虑了员工和组织双方的利益，还具有战略性、灵活性、沟通性、创新性。全面薪酬中纳入了非经济性薪酬，能够全方位、多样化地体现薪酬的补偿与激励功能。此外，全面薪酬是对传统薪酬的延伸，增加了满足员工心理需求、职业发展需求、工作与生活平衡需求等内容，更具现代性、多元性和创新性。全面薪酬在设计之初就充分考虑了组织战略，是实现组织战略目标的关键要素。全面薪酬的内容组合可以根据员工的需求及其变化进行调整，具有较大的灵活性。

2. 全面薪酬体系的影响因素

企业在全面薪酬体系设计的过程中，会受到不同因素（如制约因素、支付因素、平衡因素）的影响（见图 6-4）。首先，企业会受到国家、行业的法律法规的制约。企业必须严格执行国家关于最低工资保障、法定福利、加班工资等方面的法律法规的要求。另外，企业受其所在国家社会文化的影响，薪酬制度也有所差异。社会文化影响人们对公平的判断，应得到企业管理层的理解和高度重视。

经济性薪酬作为全面薪酬的最直接部分，具体包括基本工资、补贴、奖金、加班费、其他收入等直接物质薪酬。其主要由三个方面决定：职位等级、个人技能和个人绩效。这也被称为 3P 原则，即技能工资、岗位工资和奖励工资。3P 原则能有效确定企业员工的薪资水平，体现收入与贡献挂钩的原则，从而解决了企业内部的薪资公平性问题。

薪酬水平努力寻求在行业内的平衡和人才市场的平衡。企业间的竞争不仅仅表现为技术、产品、市场的竞争，同时也表现为人力资源的竞争。如果一个企业的薪酬水平在行业内不具有竞争力，企业的核心人员、骨干人员会逐渐流向薪酬水平较高的竞争对手那里，从而影响企业的绩效水平。绩效水平降低则意味着更低的薪酬，从而导致了恶性循环。企业在制定薪酬体系时，还要密切关注人才市场上同类职位的薪酬水平，考虑到行业内及行业间的人才流动壁垒状况，制定出科学合理的薪酬体系。

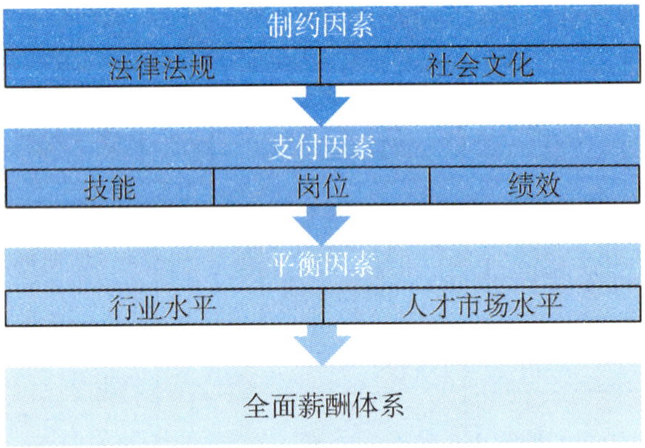

图 6-4　全面薪酬体系的影响因素

3. 全面薪酬体系的构建

第一，从战略角度来确定企业薪酬策略。支持并促进企业战略目标的实现是人力资源管理体系的根本目标，也是企业薪酬体系的根本目的。企业必须从战略的角度（包括对员工的认知、企业核心价值观和企业发展目标等）进行分析，对薪酬进行定位，制定出薪酬政策并对薪酬模式、薪酬结构以及薪酬水平做出选择。薪酬策略的制定包含水平策略、结构策略和模式策略等几个方面。企业可以选择的薪酬水平策略包括市场领先策略、市场跟随策略、成本导向策略或混合薪酬策略。薪酬结构策略有高弹性策略、高稳定策略以及调和型策略。薪酬模式有以职位为中心模式、以能力为中心模式、以业绩为中心模式三种模式。具体实施中究竟选择哪种策略和模式，企业应具体情况具体分析。

第二，岗位分析与岗位评价。岗位分析主要是进行工作的重新设计，消除不必要的岗位，制定岗位规范，形成组织结构图与岗位说明书。岗位评价重在解决薪酬的对内公平性问题。岗位评价有两个目的：一是比较企业内部各个岗位的相对重要性，得出岗位等级序列；二是为进行薪酬调查，建立统一的岗位评估标准，消除不同企业间由于岗位名称不同，或者即使岗位名称相同但实际工作要求和工作内容不同所导致的难度差异，使不同岗位之间具有可比性，为确保岗位工资的公平性奠定基础。岗位评价是岗位分析的自然结果，同时又以岗位说明书为依据。评价岗位的相对价值的方法有排列法、分类法、评分法和因素比较法，目前多数企业采用因素比较法，即依据评价要素确定其权重点数，然后加以汇总，再根据总点数确定岗位等级。

第三，市场薪酬调查。为确保企业薪酬的竞争力，为公司薪酬战略和薪酬体系的制定提供依据，对外部劳动力市场的薪酬水平、行业公司的薪酬水平、地区公司的薪酬水平进行必要的调查是不可或缺的。薪资调查的主要内容包括同行或同地区其他企业的薪酬政策、薪酬水平、保险福利、薪酬增长率、组织结构与岗位设置等。企业参照同行或同地区其他企业的现有工资来调整本企业对应岗位的工资，以保证企业工资水平的外在公平性。

第四，薪酬结构设计。薪酬结构是指企业内各项工作的劳动价值或重要性与其所对应的应付工资之间的关系。薪酬结构设计就是把企业各项工作的劳动价值或重要性的顺序、等级、分数或象征性的货币值转换成实际的工资值，使企业内所有工作的薪酬都按统一的原则定薪，从而保证了企业薪酬体系的内在公平性。企业将众多类型的薪酬归并组合成若干个等级，形成一个薪酬等级序列，进而确定企业内每一个职务具体的薪酬范围。

第五，薪酬体系评估。为保证企业经营的持续性和稳定性以及薪酬体系的有效性，在薪酬体系试行前企业高层管理人员必须与普通员工充分沟通和交流，并详细讲解整个薪酬体系的框架、不同员工的薪酬结构和定位、薪酬与绩效考核的关系、薪酬调整的办法等问题。在这个过程中，企业不但使员工逐渐了解了这套体系，同时也从员工那里获取实质性建议，从而对薪酬体系做出相应的评估与修订，以保证薪酬体系正式运行后的有效性。

第六，薪酬体系的管理与控制。企业薪酬制度一经建立，如何投入正常运作并对之实行适当的监督、评价、修正和控制等管理，使其发挥应有的功能，是一个相当复杂的问题，也是一项长期的工作。在这个过程中，企业高层管理人员要做到以下几点：

（1）使员工关心、了解并接受工资制度，尤其是职务评价的结果。

（2）工资应及时调整。企业在工资制度中明确划分出一定的工资等级，规定加薪标准和规则，并有适当的考核程序与之相匹配。

（3）控制工资成本使员工的定额控制在工资总额预算的范围内。

（4）工资支付形式要透明，让员工了解企业的工资政策及定薪的基本原理，接受员工的批评与监督，最大限度地发挥工资制度的激励作用。

三、在线培训

随着“互联网+教育”的发展，一些教育和培训机构借助于“互联网+”的力量开发了各具特色的多样化职业技能培训课程，社会上也涌现出大批涉足职业技能培训领域的新兴互联网企业，其产品包括各类应用程序、在线教育平台、网络学校等，为受训者提供了在线自主学习、线上线下混合式学习、泛在学习等多种学习形式。

1. 中国职业培训在线

中国职业培训在线（http://px.class.com.cn）由人力资源和社会保障部、中国人力资源和社会保障出版集团开发，涉及通用职业素质、生产制造、交通运输、家庭服务、餐饮服务、生活服务、管理、创业等领域，主要有工匠精神、养老护理员、家政服务员、育婴师、电工、焊工、车工、数控车工、汽车修理工、企业人力资源管理师、劳动关系协调员、中式烹调师、抹灰工、美发师、茶艺师、保安员、钳工等50个以上职业培训课程及相关教学资源。

2. 中国国家人事人才培训网

中国国家人事人才培训网（http://www.chinanet.gov.cn）由人力资源和社会保障部、中国高级公务员培训中心开发，涉及疫情防控、建筑、软件开发、电子设备制造维修、创业指导、安全生产等领域，主要有施工图设计、Java开发、电力电缆与光缆生产设备维护和保养、供应链创新与应用、安全生产管理与工伤事故预防等多个职业（工种/岗位）技能培训。

3. 人力资源和社会保障部教育培训网

人力资源和社会保障部教育培训网（http://edu.mohrss.gov.cn）由人力资源和社会保障部教育培训中心开发，涉及新媒体运营、移动机器人、社会心理、生活服务、计算机应用、物流、建筑、信息安全等领域，主要有新媒体运营、移动机器人技术、社会心理服务、新餐饮门店管理、先进计算应用技术、智慧物流、装配式建筑制造管理、电竞赛事运营、信息安全技术、绿色建筑设计、二手车车况检测等数个职业（工种/岗位）技能培训。

4. 钉钉职业技能培训在线平台

钉钉职业技能培训在线平台由钉钉（中国）信息技术有限公司开发，涉及创新创业、新能源汽车、交通、安全、计算机操作、轻工工艺等领域，主要有创业就业指导、新能源汽车技术、铁路交通运营管理、安全生产、纺织品设计、办公软件等10个以上职业（工种/岗位）技能培训。

5. 腾讯课堂

腾讯课堂（http://ke.qq.com）由腾讯科技（深圳）有限公司开发，涉及软件开发、网络安全、网络运营、网页设计、汽车维修等领域，主要有前端工程师、渗透测试工程师、短视频运营、电商设计师、汽车维修工等40个以上职业（工种/岗位）技能培训。

6. 淘宝大学

淘宝大学（https://daxue.taobao.com）由阿里巴巴（中国）教育科技有限公司开发，涉及人工智能、电商及相关服务领域，主要有电商推广、电商运营、电商客服、美工、人工智能训练师等多个职业（工种/岗位）技能培训。

7. 华为人才在线平台

华为人才在线平台（https://e.huawei.com/cn/talent/）由华为（杭州）培训中心有限公司开发，涉及电子测试、计算机操作领域，主要有信息与通信技术（ICT）工程师、云计算技术、大数据技术、物联网技术、人工智能技术、鲲鹏芯片技术、数据库技术等30个以上职业（工种/岗位）技能培训。

8. 精英学习平台

精英学习平台（http://j.jdlearn.com.cn/）由京东教育文化有限公司开发，涉及物流、电商、人工智能、网络安全领域，主要有物流仓储、供应链专业、电商运营、电商视觉设计、人工智能、网络安全等10个以上职业（工种/岗位）技能培训。

9. 中国钢铁培训网

中国钢铁培训网（http://www.gtpxw.com）由冶金工业教育资源开发中心开发，涉及冶金行业类，主要有炼铁工、炼钢工、轧钢操作工、化学分析工、转炉炼钢工、高炉原料工、巡检工等 10 个以上职业（工种/岗位）技能培训。

10. 美团大学

美团大学（https://daxue.meituan.com）由北京三快在线科技有限公司开发，涉及互联网运营、配送业务、生活服务领域，主要有互联网美业运营、互联网酒店营销、网络配送、配送运营、餐饮运营等 10 个以上职业（工种/岗位）技能培训。

实训项目一 A3 报告撰写

实训目的

1. 掌握 A3 报告的格式和步骤。
2. 完成 A3 报告的编制应用。
3. 学会使用 office 或其他绘图软件，掌握图表的绘制。

实训内容

1. 以小组为单位，选择一个岗位（团队、部门）作为研究对象。
2. 小组成员分工合作，进行实地调研，编写一份完整的 A3 报告。
3. 完成实训报告，并以 PPT 形式在课堂进行交流汇报。
4. 由学生和教师进行提问，进行成绩评定。教师和学生代表的评分各占总分的 50%。

评分要点

1. 数据分析详实，A3 报告撰写规范。
2. PPT 制作精美，现场展示流畅，小组成员配合得当。
3. 能准确回答教师和学生提出的问题。

实训报告

参考资料 1

解决问题的 A3 报告

一、背景

背景部分客观、真实、清晰地说明为什么要解决这个问题，比如描述问题的来源、问题不能解决会对企业带来什么不好的后果。

二、现状

调查人员到现场对当前情况进行调查分析。现场是指员工为客户创造价值的场所，可以是办公室、服务场所、车间、医院病房。调查人员通过对一线工作环境的观察，找到问题的关键点。报告撰写必须对客观事实进行描述，描述该流程或系统的当前状态，突出介绍当前情况中的关键因素。

三、目标

目标部分明确问题改善的程度，用于评价该问题的改善是否成功。目标的制定遵循SMART原则，明确目标制定的依据，目标需要有竞争力。

四、原因分析

针对现状找出的问题点，调研人员运用“5个为什么”找出问题产生的根本原因，方便对策的提出。调研人员分析问题时需要对现状的问题点做系统的因果分析，可以采用鱼骨图进行因果分析，并将分析结果和过程描述出来。

五、对策

对策部分开发多个备选方案，提出解决问题的多种方法。每一种方案都直接针对现存问题，具体且实践性强。企业通过探究一系列的潜在选择，可以拓宽范围涵盖更多可能的情形，将风险最小化。

六、效果确认

效果确认部分确认制定的相关措施是否有效，明确相关措施和改善效果之间的因果关系。重点不是消除问题，而是要了解因果关系。企业一般每次只采取一项措施，每项措施实施后，对结果进行测定，以确认哪一项措施产生了理想的结果。

七、跟进

跟进部分遵循PDCA原则，深入思考还需要对系统做什么变革来推进系统的持续改善以及需要做哪些剩余工作。横向传递将这种改善推广到整个组织相关的人员，使其产生最大效益。

参考资料2

5个为什么

关于如何找到机器停止运行的原因，丰田公司的大野耐一提供了问5个为什么的例子。

第一个为什么：为什么机器停了？

因为超负荷，保险丝断了。

第二个为什么：为什么超负荷呢？

因为轴承的润滑不够。

第三个为什么：为什么润滑不够？

因为润滑泵吸不上油来。

第四个为什么：为什么吸不上油来？

因为油泵轴磨损、松动了。

第五个为什么：为什么油泵磨损、松动了？

因为没有安装过滤器，混进了铁屑等杂质。

问5个为什么可以找到真正的原因，从而得到真正的解决办法：在润滑泵上安装一个过滤器。如果工人不经过反复询问，他们也许会只采取一个中间的措施，如更换保险丝。企业不要将时间、精力浪费在争辩谁负责上，首先要探查问题背后的根本原因。

实训项目二　薪酬方案设计

实训目的

1. 掌握薪酬方案设计的原则和步骤。
2. 完成薪酬方案的整体设计。
3. 学会使用 office 或其他绘图软件，掌握图表的绘制。

实训内容

1. 以小组为单位，选择一个岗位（团队、部门）作为研究对象。
2. 小组成员分工合作，进行实地调研，编写一份完整的薪酬方案。
3. 完成实训报告，并以 PPT 形式在课堂进行交流汇报。
4. 由学生和教师进行提问，进行成绩评定。教师和学生代表的评分各占总分的 50%。

评分要点

1. 薪酬方案具体详实，撰写规范。
2. PPT 制作精美，现场展示流畅，小组成员配合得当。
3. 能准确回答教师和学生提出的问题。

实训报告

参考资料 1

薪酬市场调查问卷

感谢您在繁忙的工作中抽出时间填写这份问卷，此次调查是为了全面、系统地了解您对公司目前薪酬体系的感受，从而为优化现行薪酬体系提供依据。此次调查采取不记名方式，有关数据仅用于薪酬优化工作，请认真填写。您的支持与配合对公司薪酬体系的优化改进非常重要。谢谢您的参与！

姓名：______　年龄：______　性别：______　在本公司任职年限：________

所在部门：______　职务：______　学历：______　本专业/领域工作时间：______

1. 您的月收入总计为（　　）。

A. 2 000 元及以下　B. 2 001~3 000 元　C. 3 001~5 000 元　D. 5 000 元以上

2. 您的工资由哪几部分构成，其各自所占的比例是多少？

总薪酬的组成部分	占总薪酬的比例

3. 您对目前薪酬结构中（　　）部分比较满意。

A. 固定工资　　B. 绩效工资　　C. 福利　　D. 期权

4. 您对目前薪酬结构中（　　）部分最不满意。

A. 固定工资　　B. 绩效工资　　C. 福利　　D. 期权

5. 您对自己目前的工资收入（　　）。

A. 非常满意　　B. 满意　　C. 一般

D. 不满意　　请简要说明理由______________

E. 非常不满意　　请简要说明理由______________

6. 与公司内部其他同职位的人相比，您认为自己的工资（　　）。

A. 非常高　　B. 较高　　C. 差不多

D. 较低　　请简要说明理由______________

E. 非常低　　请简要说明理由______________

7. 与同行业其他企业同职位的人相比，您认为本公司的工资水平（　　）。

A. 非常高　　B. 较高　　C. 差不多

D. 较低　　请简要说明理由______________

E. 非常低　　请简要说明理由______________

8. 您认为目前的薪酬制度公平吗？（　　）

A. 非常公平　　B. 比较公平　　C. 一般

D. 不公平　　请简要说明理由______________

E. 非常不公平　　请简要说明理由______________

9. 目前，绩效工资的发放（　　）。

A. 有科学合理的考核制度和表格作为依据

B. 有一些简单的考核制度和表格

C. 不确定

D. 没有考核制度和依据，考核的主观性较大

10. 您享受公司提供的（　　）福利。

A. 社会保险　　B. 住房公积金　　C. 劳保用品　　D. 带薪休假

E. 其他　　请注明______________

11. 除了国家规定的法定假日外，公司是否提供其他假期，若有，请注明______________

12. 您认为公司员工的辞职（　　）。

A. 因为薪酬的不合理而直接导致　　B. 和薪酬有一定的关系

C. 不确定　　D. 和薪酬没有什么关系

13. 您赞成公司目前的薪酬制度起到了吸引、保留和激励人才的作用吗？（　　）

A. 非常同意　　B. 比较同意　　C. 基本同意　　D. 不同意

14. 如果您工作出色，您最希望得到（　　）奖励。

A. 工资提高　　B. 期权增加　　C. 职位晋升　　D. 嘉奖和表彰

E. 培训的机会　　F. 带薪休假

15. 目前的工作在（　　）方面让您比较满意（请选择 1~3 项）。
A. 工作的趣味性、丰富性和挑战性　B. 工作的价值感和责任感
C. 良好的团队氛围　D. 领导的信任和认可　E. 领导的培训和辅导
F. 晋升机会和前景　G. 企业文化和制度　H. 公司办公环境和条件
I. 免费体检、旅游和节日礼品等福利　J. 文化娱乐活动
K. 弹性的工作时间和地点　L. 外部培训、学费赞助和带薪进修
16. 目前的工作您最希望在（　　）方面得到加强（请选择 1~3 项）。
A. 工作的趣味性、丰富性和挑战性　B. 工作的价值感和责任感
C. 良好的团队氛围　D. 领导的信任和认可　E. 领导的培训和辅导
F. 晋升机会和前景　G. 企业文化和制度　H. 公司办公环境和条件
I. 免费体检、旅游和节日礼品等福利　J. 文化娱乐活动
K. 弹性的工作时间和地点　L. 外部培训、学费赞助和带薪进修
17. 假如您选择一份工作，您最受（　　）方面的吸引（请选择 1~3 项）。
A. 工作的趣味性、丰富性和挑战性　B. 工作的价值感和责任感
C. 良好的团队氛围　D. 领导的信任和认可　E. 领导的培训和辅导
F. 晋升机会和前景　G. 企业文化和制度　H. 公司办公环境和条件
I. 免费体检、旅游和节日礼品等福利　J. 文化娱乐活动
K. 弹性的工作时间和地点　L. 外部培训、学费赞助和带薪进修

参考资料 2

网店客服人员薪酬激励方案

为激励网店客服人员不断提升销售业绩，特制订如下激励方案。

一、薪酬结构设计

网店客服人员的薪酬由以下三个部分组成：

1. 基本工资

基本工资根据客服人员所处的级别不同而有所差异，即初级客服____元/月、中级客服____元/月、高级客服____元/月、资深客服____元/月。

2. 销售提成

网店客服人员按照销售额的一定比例获得销售提成，其具体计算办法如下表所示。

销售提成具体计算办法

产品	销售额	提成比例
A 类产品	完成目标销售额	____%
	超出目标销售额的____%	目标内部分按____%计提，超出部分按____%计提
B 类产品	完成目标销售额	____%
	超出目标销售额的____%	目标内部分按____%计提，超出部分按____%计提

3. 绩效奖金

（1）绩效奖金额度：岗位工资的____%。

（2）根据员工月度考核结果，公司为其发放相应的绩效奖金。员工绩效奖金计算标准如下表所示。

员工绩效奖金计算标准

考核得分	绩效奖金发放比例（%）
91 分及以上	100
81~90 分	80
71~80 分	70
60~70 分	60
60 分以下	0

二、薪酬发放

员工的销售提成、绩效奖金每月随同其基本工资一同于下月的____日发放。

年　月　日

参考资料 3

生产操作人员计件工资制实施方案

一、目的

通过计件多劳多得的方式提升人员及团队的工作积极性，促进员工学习技术，以适应企业发展的需要，并体现各关键岗位和重要岗位的操作技能含量及多劳多得的分配原则，特制订本方案。

二、实施范围

生产单位按劳动定额管理的一线生产操作人员。

三、管理职责

1. 生产车间负责如实记录当天生产的各种产品的规格、数量等信息。
2. 生产部负责定额的确认和分析，并负责定额调整、异常的确认等。
3. 人力资源部负责计算出员工的计件工资、加班费、奖金、扣款等。
4. 财务部负责工资的发放。

四、工资构成

生产操作人员的工资由四部分组成，即基础工资、计件工资、福利性工资和奖金。其中，基础工资、福利性工资为固定工资，计件工资和奖金为浮动工资。

1. 基础工资

公司以劳动强度、劳动责任、工作技能、工作环境四个因素为标准，将生产操作人员的基础工资划分为两级四等，具体标准如下表所示。

生产操作人员基础工资等级　　单位：元

岗位等级	工资标准（单位：元）	
	A	B
一级	2 000	2 300
二级	2 200	2 500

2. 计件工资

计件工资=当月生产合格数量×产品单价×质量系数

生产数量来自员工的生产日报表，产品单价由人力资源部根据公司制定的标准计算，质量系数根据当月质量评定的结果来计算。

3. 福利性工资和奖金

福利性工资包括工龄工资、各项津贴和补贴等，具体内容参见公司薪酬管理制度。奖金以员工的当月绩效表现为依据进行计发，具体内容参见公司相关考核制度。

五、异常情况处理

1. 品质异常，即由于生产员工个人或班级操作不当等原因造成的返工、全检，按产品单价的两倍扣除计件工资。

2. 因客户临时改变产品要求而造成的返工，返工产量按正常产量计算。

六、工资发放说明

1. 公司每月____日以现金或银行转账的形式向员工支付工资。因特殊情况需要延迟支付工资的，公司将提前告知。

2. 因员工个人原因造成公司损失的，公司将从员工的工资中扣除赔偿金。每月扣除的部分不超过员工当月工资的20%，扣除后的剩余工资部分不得低于当地最低工资标准。

年　月　日

参考资料 4

研发人员薪酬激励实施方案

为充分调动研发人员的积极性和创造性，按照多劳多得的原则，特制订本薪酬激励方案。

一、适用范围

本方案适用于研发部所有员工（研发部经理除外）。

二、研发人员薪酬构成

研发人员的收入由月度固定收入、研发项目奖金（浮动收入）、福利三部分构成，具体构成如下表所示。

研发人员的收入构成

薪酬构成	相关说明
月度固定收入	岗位工资+学历工资+工龄工资
研发项目奖金	项目考核奖金+项目效益奖金
福利	法定福利+企业自主福利

三、固定工资设计

1. 岗位工资

岗位工资按照岗位的责任大小、岗位任职条件、努力程度等薪酬因素决定，是本结构薪酬的主要组成部分。其主要功能是促进员工的工作责任和上进心。岗位工资由职位等级决定，具体标准如下表所示。

岗位工资具体标准

岗位	职位等级	岗位工资
研发部主管	5 级	____元
研发专员	7 级	____元
研发助理	8 级	____元
—	—	—

2. 学历工资

公司根据入职员工学历水平设立学历工资，以员工入职后获得最高学历为准，具体标准如下表所示。

学历工资标准

学历	大专	本科	硕士及以上
学历工资	____元	____元	____元

3. 工龄工资

公司根据员工在公司工作年限设立工龄工资，在本公司工作每增加一年，每月工龄工资相应增加____元整，累计____年封顶。

四、研发项目奖金设计

1. 项目考核奖金

公司根据项目难度、工作量等因素确定项目奖金额度，并依据研发人员的工作表现计发奖金。

（1）项目考核奖金标准。项目考核奖金数额根据项目等级不同而有所不同，具体如下表所示。

项目考核奖金标准

项目等级	A	B	C	D
项目奖金总额	____万元	____万元	____万元	____万元

（2）项目奖金分配。项目奖金分配具体办法如下表所示。

项目奖金分配具体办法

人员	奖金发放办法
项目负责人	项目考核奖金=项目奖励额度×40%×考核系数。其中，考核系数=考核得分/100
研发人员	项目考核奖金=项目奖励额度×40%×考核得分/项目组得分总和

2. 项目效益奖金

项目效益奖金是指根据项目成果投放市场后公司业绩贡献情况而给予的奖励。这是产品开发成功以后，对研发人员实施的中长期激励，即按产品销售额的一定比例作为研发人员的奖励。具体标准如下表所示。

项目效益奖金标准

单位:%

项目类别	第一年	第二年	第三年
A	1	0. 5	0. 2
B	0. 6	0. 3	0. 1
C	0. 4	0. 2	0. 1
D	0. 2	0. 1	—

五、福利

研发人员的福利待遇参见公司《员工福利管理制度》执行。

六、附则

本方案自发布之日起施行，每年修订一次。

年　月　日

实训项目三　培训计划制订

实训目的

1. 掌握培训计划制订的流程和方法。
2. 完成培训计划方案的制订。
3. 学会使用 office 或其他绘图软件，掌握图表的绘制。

实训内容

1. 以小组为单位，选择一个岗位（团队、部门）作为研究对象。
2. 小组成员分工合作，进行实地调研，编写一份完整的培训计划方案。
3. 完成实训报告，并以 PPT 形式在课堂进行交流汇报。
4. 由学生和教师进行提问，进行成绩评定。教师和学生代表的评分各占总分的 50%。

评分要点

1. 培训计划方案具体详实，撰写规范。
2. PPT 制作精美，现场展示流畅，小组成员配合得当。
3. 能准确回答教师和学生提出的问题。

实训报告

参考资料 1

绩效分析与在线培训开发流程

一、明确影响当前工作的主要绩效问题和绩效差距

（1）简要描述工作中的绩效问题。
（2）哪些人员与这个问题有关。
（3）描述有关人员以及他们之间的工作关系。
（4）描述主要人员目前的绩效。
（5）描述对主要人员的期望绩效。
（6）找出存在的绩效差距。

二、分析产生现有绩效与期望绩效差距的原因

企业应了解绩效差距是由于知识或技能不足引起的，还是由其他原因产生的。

（1）信息沟通不良。
（2）工作环境或技术条件不良。
（3）激励方式不恰当。
（4）动机不足。

（5）缺乏知识。

（6）缺乏技能。

……

三、分析在线培训的必要性和可行性

如果绩效差距是由于其他原因而产生的，企业应转向寻求相应的解决方案，而不考虑培训。培训只能解决知识和技能缺乏的问题。企业在确认培训能够解决全部或部分问题之后，还应估算培训的费用，与绩效差距导致的工作损耗相比较，以判断是否值得进行培训。如果有必要开展培训，企业还应考虑工作人员是否可能接受在线培训以及是否有现成的培训材料可以利用，最后决定是否开发在线培训。绩效分析与在线培训开发流程如下图所示。

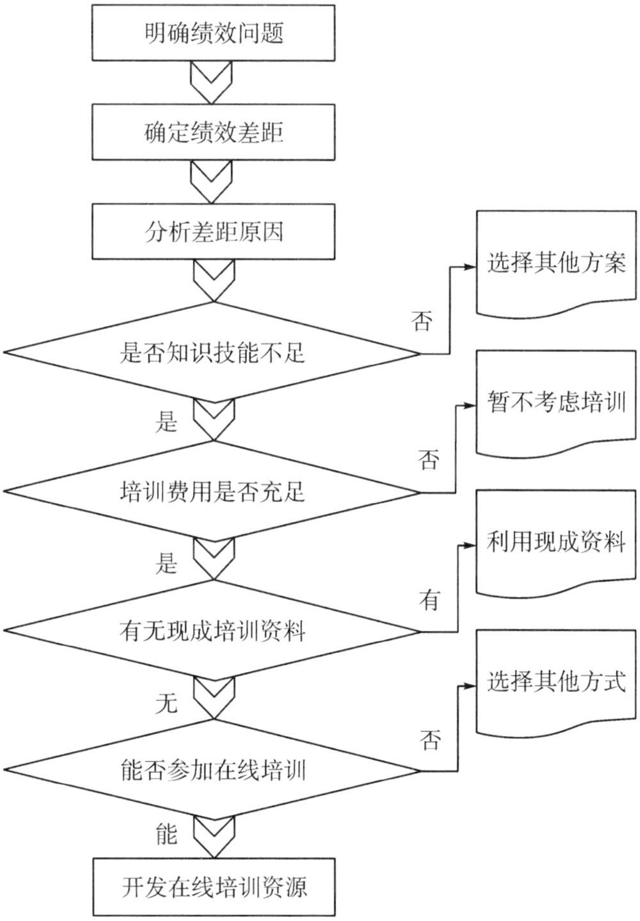

绩效分析与在线培训开发流程

参考资料 2

销售人员技能培训方案

由于近期公司的销售业绩下降，部分销售人员绩效考核结果欠佳，公司决定针对销售人员开展业务技能培训。

一、培训目标

通过本次培训学习，受训人员系统地掌握销售的职责，提高销售技能，更好地完成工作任务，运用所学技能解决日常工作中遇到的问题，增加自信心，增进获得晋升的机会，加深对本企业的了解。

二、课程设置及培训讲师

本次培训根据销售岗位所需的必要知识和技能以及本企业销售人员目前存在的问题，共开设 10 门培训课程。培训讲师由外聘人员与本企业人员组成。

三、培训对象

企业营销部门的所有销售人员。

四、培训课程及考试安排

培训时间：3~4 月，每周二、周四下午 14：00~16：00。

考试时间：每门培训课程结束的第二天下午 16：00~17：30。

培训课程安排如下表所示。

培训课程安排

序号	课程	教师	时间
1	如何提高进行市场分析		月　日
2	提高销售业绩的技巧		月　日
3	销售人员的谈判技巧		月　日
4	有效沟通技巧		月　日
5	如何实施与客户沟通		月　日
6	新产品知识训练		月　日
7	商务礼仪训练		月　日
8	营销相关法律知识		月　日
……	……		……

五、培训地点

第二会议室。

六、培训方式及方法

方式：集中学习与自学相结合。

方法：讲授、研讨、案例分析、游戏等。

七、培训考核

闭卷考试、撰写论文。

凡请假两次以上者，不予通过考核。

八、培训要求

无特殊重大情况，受训人员不允许请假。如需请假，受训人员须由部门经理审核后，交培训负责人批准，并报总经理签字。

不得迟到、早退。

上课期间请关闭手机。

九、培训经费

培训讲师的报酬、资料费等，共计××万元。

实训项目四 管理案例分析

实训目的

1. 了解和掌握绩效考核结果在企业管理中的运用。
2. 应用人力资源管理的相关理论和方法，解决管理中出现的问题，提高人力资源管理绩效。

实训内容

1. 认真阅读和思考相关管理案例。
2. 根据案例提出的问题，提出解决方案。
3. 完成案例分析报告，并以 PPT 形式在课堂进行交流汇报。
4. 由学生和教师进行提问，进行成绩评定。教师和学生代表的评分各占总分的 50%。

评分要点

1. 能够理论结合实际，案例分析报告撰写规范。
2. PPT 制作精美，现场展示流畅，小组成员配合得当。
3. 能准确回答教师和学生提出的问题。

管理案例

参考资料 1

牛肉面的故事

一个小老板和朋友闲聊。这个小老板谈及如今的生意，感慨颇多。他曾经辉煌过，当兰州拉面最红火的时候在闹市口开了家拉面馆，日进斗金，后来却不做了。朋友问他为什么。

小老板说：“现在的人太聪明了！我当时雇了个会做拉面的师傅，但在工资上总也谈不拢。开始的时候为了调动他的积极性我们是按销售量分成的，一碗面给他一元钱的提成。经过一段时间，他发现客人越多他的收入也越多，这样一来他就在每碗里放超量的牛肉来吸引回头客，一碗面才 10 元，本来就靠个薄利多销，他每碗多放几片牛肉我还赚什么钱啊！后来我看这样不行，钱全被他赚去了，就换了种分配方式，给他每月发固定工资，工资给高点也无所谓，这样他不至于多加牛肉了吧？因为客多客少和他的收入没关系。但你猜怎么着？他在每碗里都少放许多牛肉，把客人都赶走了！这是为什么呢？牛肉的分量少，顾客就不满意，回头客就少，生意肯定就清淡。他才不管我赚不赚钱呢，他拿固定的工钱，巴不得我天天没客人，他才清闲呢！”

问题：

1. 在拉面师傅的绩效考核方面存在哪些问题？
2. 在拉面师傅的薪酬设计方面存在哪些问题？
3. 如果你是老板，应该如何激励拉面师傅？

参考资料 2

一次失败的培训

某企业因产品缺陷，导致一位长期合作客户终止了与企业的合作。企业管理人员经过研究后发现，产品的基本工程技术是可靠的，问题出在生产线的工人、质量检查及管理部门的疏忽上，缺乏质量管理意识。于是，高层一致决定开设一次质量培训课以解决目前的问题。

此次培训的授课时间安排在工作时间之后，每个周五晚上 19：00~21：00，历时 10 周，不付给员工额外的薪水，员工可以自愿听课。主管动员员工参加课程培训，记录在员工个人档案里，以后涉及加薪或升职时，予以优先考虑。该课程由质量管理部门的林工程师授课，结合视频，并进行一些专题讨论。课程内容包括质量管理的必要性、影响质量管理的因素、质量检测标准、检查的程序和方法、质量统计方法抽样检查等。企业所有有兴趣的员工都可以参加听课。课程开始时，听课人数平均 60 人左右。课程快结束时，听课人数已经下降到平均 30 人左右。因为在周五的晚上，许多听课的人心不在焉，有部分人离家远，听一半课就提前回家了。

在总结课程培训时，大家一致认为林工程师的课讲得不错，内容充实，知识系统，很幽默，听课人数少不是他的过错。为此，人力资源部承担了改进任务。

问题：

1. 此次培训为什么失败？
2. 人力资源部应该如何改进培训？
3. 本案例的启示是什么？

参考资料 3

动物园的围栏

一天，动物园管理员发现袋鼠从围栏里跑出来了，于是开会讨论，一致认为围栏的高度过低。因此，管理人员决定将围栏的高度由原来的 1 米加高到 2 米。结果第二天他们发现袋鼠还是跑到外面来了，于是管理员又决定再将围栏的高度加高到 3 米。

没想到隔了一天，袋鼠居然全跑到围栏外面了，于是管理员大为紧张，决定一不做二不休，将围栏的高度加高到 10 米。一天，长颈鹿和几只袋鼠在闲聊。长颈鹿问：“你们看，这些人会不会再继续加高你们的围栏？”袋鼠说：“这很难说，如果他们再继续忘记关围栏的门的话！”

问题：

1. 如何才能适当地运用绩效结果？

2. 本案例的管理启示是什么？

主要参考文献

[1] 葛玉辉. 工作分析与工作设计实务 [M]. 北京：清华大学出版社，2011.

[2] 李胜，李媛媛. 市场营销类岗位能力分析模型 [M]. 北京：北京师范大学出版社，2018.

[3] 国家职业分类大典修订工作委员会. 中华人民共和国职业分类大典 [M]. 北京：中国劳动社会保障出版社，中国人事出版社，2015.

[4] 彭剑峰，荆小娟. 员工素质模型设计 [M]. 北京：中国人民大学出版社，2003.

[5] 陈浩. 绩效考核与薪酬激励精细化设计必备全书 [M]. 北京：中国华侨出版社，2014.

[6] 张东民，谢康. 员工绩效计划管理研究 [J]. 现代管理科学，2009 (6)：95-97.

[7] 刘伟. 绩效计划的制定流程 [J]. 中国劳动，2005 (4)：51-52.

[8] 马志强，马宝军，朱永跃. 基于全程沟通视角的组织绩效计划管理研究 [J]. 科技管理研究，2010 (12)：118-120.

[9] 霍胜男. 企业目标管理的基本问题研究 [J]. 企业经济，2013 (3)：58-61.

[10] 高月. 目标管理责任状在科研院所中层干部绩效考核中的应用 [J]. 中国管理信息化，2014，17 (14)：69-70.

[11] 刘康声，张喜春，刘雨霏. 人际交流艺术 [M]. 2 版. 北京：清华大学出版社，北京交通大学出版社，2014.

[12] 戴维·帕门特. 关键绩效指标：KPI 的开发、实施和应用 [M]. 张丹，商国印，张风都，等，译. 北京：机械工业出版社，2017.

[13] 刘怡伽. 浅析拼多多成功上市的原因与现存问题 [J]. 现代营销（经营版）. 2019 (8)：72.

[14] 杜书伟. 基于关键成功要素的医院绩效考核指标体系探索 [J]. 医学与社会, 2009, 22 (12): 7-8, 13.

[15] 赵琰, 王建东, 陈志鹏, 等. PPP 项目绩效评价指标体系及综合评级模型研究 [J]. 会计之友, 2018 (4): 110-115.

[16] 王莹. 高校绩效评价体系构建与量化研究——以 W 高校为例 [J]. 会计之友, 2019 (14): 17-23.

[17] 陈浩. 绩效考核与薪酬激励精细化设计必备全书 [M]. 北京: 中国华侨出版社, 2014.

[18] 约翰·杜尔. 这就是 OKR [M]. 曹仰锋, 王永贵, 译. 北京: 中信出版集团, 2018.

[19] 仇勇, 张耕墨, 李征. 360 度绩效反馈的本土实践困境与应用对策——基于不同指标和目的的考核主体选择 [J]. 中国人力资源开发, 2014 (18): 25-29.

[20] 李芝山. 关键事件法在员工绩效管理中的规范应用 [J]. 中国集体经济, 2008 (22): 65-66.

[21] 王丽静. 360 度绩效考核应用研究 [J]. 中小企业管理与科技 (上旬刊), 2011 (4): 7-8.

[22] 李彬. 利用企业微信信息化手段开展 360 度绩效反馈考核工作的可行性研究 [J]. 办公自动化, 2020 (5): 27-30.

[23] 马磊, 张蕾. 企业绩效申诉机制的构建 [J]. 中国劳动, 2016 (18): 68-71.

[24] 李红军. 搭建内部高效沟通网络 [J]. 企业管理, 2019 (12): 96-98.

[25] 李百毅. 企业即时通讯价值 [J]. 中国科技信息, 2015 (2): 67-68.

[26] 任劲松. OA 系统在企业管理提升中的重要作用 [J]. 计算机与网络, 2015 (15): 61-64.

[27] 商其德, 等. 基于 ERP 的全员绩效管理信息化系统设计与实现 [J]. 中国电业 (技术版), 2014 (4): 71-76.

[28] 张茜琳. 绩效面谈实现双赢的对策探讨 [J]. 经济与管理, 2006, 20 (10): 94-96.

[29] 约翰·惠特默. 高绩效教练 [M]. 徐中, 姜瑞, 佛影, 译. 北京: 机械工业出版社, 2018.

[30] 王晓莉. 从领导走向教练——教练技术在绩效辅导中的应用 [J]. 中国人力资源开发, 2008 (5): 30-32.

[31] 张宇, 刘蓉晖. 人力资源管理中的情绪管理 [J]. 中国人力资源开发, 2008 (6): 96-98.

[32] 于树江, 范萌萌. 新媒体沟通形态对团队沟通效果的影响研究 [J]. 河北工业大学学报 (社会科学版), 2008 (4): 13.

[33] 王淑红, 李秀洁. 成为高 "情商" 的管理者 [J]. 中国人力资源开发, 2011 (7): 58-61.

［34］谢里·范·狄克. 高情商是练出来的［M］. 程静，译. 北京：北京联合出版社，2017.

［35］杰弗瑞·莱克，迈克尔·豪瑟斯，优质人才与组织中心. 丰田文化：复制丰田DNA的核心关键［M］. 王世权，韦福雷，胡彩梅，译. 北京：机械工业出版社，2018.

［36］约翰·舒克. 学习型管理：培养领导团队的A3管理方法［M］. 郦宏，武萌，汪小帆，等，译. 北京：机械工业出版社，2019.

［37］谭春平，景颖，安世民. 全面薪酬研究述评与展望：要素演变、理论基础与研究视角［J］. 外国经济与管理，2019，41（5）：101-113.

［38］刘爱东. 全面薪酬体系初探［J］. 中国人力资源开发，2004（3）：20-22.

［39］顾英伟，张志强. 企业全面薪酬体系研究［J］. 现代管理科学，2007（8）：96-98.

［40］陈浩. 绩效考核与薪酬激励精细化设计必备全书［M］. 北京：机械工业出版社，2014.

［41］张军征，于文. 基于网络的培训课程设计的探讨［J］. 现代教育技术，2004，14（2）：31-36.